PARIS

VICTOR HUGO

(Introduction au livre **PARIS-GUIDE**)

PARIS

LIBRAIRIE INTERNATIONALE
15, BOULEVARD MONTMARTRE, 15
Au coin de la rue Vivienne
A. LACROIX, VERBOECKHOVEN ET Cie, ÉDITEURS
A' BRUXELLES, A LEIPZIG ET A LIVOURNE

1867
Tous droits de traduction et de reproduction réservés

1

L'AVENIR

I

L'Avenir

Au vingtième siècle, il y aura une nation extraordinaire. Cette nation sera grande, ce qui ne
l'empêchera pas d'être libre. Elle sera illustre,
riche, pensante, pacifique, cordiale au reste de
l'humanité. Elle aura la gravité douce d'une aî-

née. Elle s'étonnera de la gloire des projectiles coniques, et elle aura quelque peine à faire la différence entre un général d'armée et un boucher ; la pourpre de l'un ne lui semblera pas très distincte du rouge de l'autre. Une bataille entre Italiens et Allemands, entre Anglais et Russes, entre Prussiens et Français , lui apparaîtra comme nous apparaît une bataille entre Picards et Bourguignons. Elle considérera le gaspillage du sang humain comme inutile. Elle n'éprouvera que médiocrement l'admiration d'un gros chiffre d'hommes tués. Le haussement d'épaules que nous avons devant l'inquisition, elle l'aura devant la guerre. Elle regardera le champ de bataille de Sadowa de l'air dont nous regarderions le quemadero de Séville. Elle trouvera bête cette oscillation de la victoire aboutissant invariablement à de funèbres remises en équilibre, et Austerlitz toujours soldé par Waterloo. Elle aura pour « l'autorité » à peu près le respect que nous avons pour l'orthodoxie; un procès de presse lui semblera ce que nous semblerait un procès d'hérésie ; elle admettra la vindicte contre les écri-

vains juste comme nous admettons la vindicte
contre les astronomes, et, sans rapprocher autre-
ment Béranger de Galilée, elle ne comprendra
pas plus Béranger en cellule que Galilée en prison. *E pur si muove*, loin d'être sa peur, sera sa
joie. Elle aura la suprême justice de la bonté.
Elle sera pudique et indignée devant les barba-
ries. La vision d'un échafaud dressé lui fera af-
front. Chez cette nation, la pénalité fondra et dé-
croîtra, dans l'instruction grandissante, comme la
glace au soleil levant. La circulation sera pré-
férée à la stagnation. On ne s'empêchera plus de
passer. Aux fleuves frontières, succéderont les
fleuves artères. Couper un pont sera aussi impossible que couper une tête. La poudre à canon
sera poudre à forage ; le salpêtre, qui a pour utilité actuelle de percer les poitrines, aura pour
fonction de percer les montagnes. Les avan-
tages de la balle cylindrique sur la balle ronde,
du silex sur la mèche, de la capsule sur le silex,
et de la bascule sur la capsule, seront méconnus.
On sera froid pour les merveilleuses couleuvrines
de treize pieds de long, en fonte frettée, pouvant

tirer, au choix des personnes, le boulet creux et le boulet plein. On sera ingrat pour Chassepot dépassant Dreyse et pour Bonnin dépassant Chassepot. Qu'au dix-neuvième siècle, le continent, pour l'avantage de détruire une bourgade, Sébastopol, ait sacrifié la population d'une capitale, sept cent quatre-vingt-cinq mille hommes*, cela semblera glorieux, mais singulier. Cette nation estimera un tunnel sous les Alpes plus que la gargousse Armstrong. Elle poussera l'ignorance au point de ne pas savoir qu'on fabriquait en 1866 un canon pesant vingt-trois tonnes appelé *Bigwill*. D'autres beautés et magnificences du temps présent seront perdues ; par exemple, chez ces gens-là on ne verra plus de ces budgets, tels que celui de la France actuelle, lequel fait tous les

*	Années.	Tués.	Morts à la suite de blessures ou de maladies.	Total.
Armée française. .	1854-1856	10,240	85,375	95,615
— anglaise. .	1854-1856	2,755	19,427	22,182
— piémontaise	1855-1856	12	2,182	2,194
— turque . .	1853-1856	10,000	25,000	35,000
— russe. . .	1853-1856	30,000	600,000	630,000
		53,007	731,984	774,991

ans une pyramide d'or de dix pieds carrés de
base et de trente pieds de haut. Une pauvre petite île comme Jersey y regardera à deux fois
avant de se passer, comme elle l'a fait le 6 août
1866, la fantaisie d'un pendu* dont le gibet coûte
deux mille huit cents francs. On n'aura pas de ces
dépenses de luxe. Cette nation aura pour législa-
tion un fac-simile, le plus ressemblant possible,
du droit naturel. Sous l'influence de cette nation
motrice les incommensurables friches d'Amérique, d'Asie, d'Afrique et d'Australie seront of-
fertes aux émigrations civilisantes ; les huit cent
mille bœufs, annuellement brûlés pour les peaux
dans l'Amérique du Sud, seront mangés ; elle fera
ce raisonnement que s'il y a des bœufs d'un côté
de l'Atlantique, il y a des bouches qui ont faim
de l'autre côté. Sous son impulsion la longue traînée des misérables envahira magnifiquement les
grasses et riches solitudes inconnues ; on ira aux
Californies ou aux Tasmanies, non pour l'or,

* Bradley. On croit en ce moment s'apercevoir qu'il
était innocent.

trompe-l'œil et grossier appât d'aujourd'hui, mais
pour la terre ; les meurt-de-faim et les va-nu-
pieds, ces frères douloureux et vénérables de nos
splendeurs myopes et de nos prospérités égoïs-
tes, auront, en dépit de Malthus, leur table ser-
vie sous le même soleil ; l'humanité essaimera
hors de la cité-mère, devenue étroite, et couvrira
de ses ruches les continents ; les solutions pro-
bables des problèmes qui mûrissent, la locomo-
tion aérienne pondérée et dirigée, le ciel peuplé
d'air-navires, aideront à ces dispersions fécondes
et verseront de toutes parts la vie sur ce vaste
fourmillement des travailleurs ; le globe sera la
maison de l'homme, et rien n'en sera perdu ; le
Corrientes, par exemple, ce gigantesque appareil
hydraulique naturel, ce réseau veineux de rivières et de fleuves, cette prodigieuse canalisa-
tion toute faite, traversée aujourd'hui par la nage
des bisons et charriant des arbres morts, portera
et nourrira cent villes ; quiconque voudra aura
sur un sol vierge un toit, un champ, un bien-
être, une richesse, à la seule condition d'élargir
à toute la terre l'idée patrie, et de se considé-

rer comme citoyen et laboureur du monde ; de
sorte que la propriété, ce grand droit humain,
cette suprême liberté, cette maîtrise de l'esprit
sur la matière, cette souveraineté de l'homme
interdite à la bête, loin d'être supprimée, sera
démocratisée et universalisée. Il n'y aura plus
de ligatures ; ni péages aux ponts, ni octrois aux
villes, ni douanes aux états, ni isthmes aux
océans, ni préjugés aux âmes. Les initiatives en
éveil et en quête feront le même bruit d'ailes que
les abeilles. La nation centrale d'où ce mouvement rayonnera sur tous les continents sera parmi les autres sociétés ce qu'est la ferme modèle
parmi les métairies. Elle sera plus que nation,
elle sera civilisation ; elle sera mieux que civilisation, elle sera famille. Unité de langue, unité
de monnaie, unité de mètre, unité de méridien,
unité de code ; la circulation fiduciaire à son haut
degré ; le papier-monnaie à coupon faisant un
rentier de quiconque a vingt francs dans son
gousset ; une incalculable plus-value résultant
de l'abolition des parasitismes ; plus d'oisiveté
l'arme au bras ; la gigantesque dépense des gué-

rites supprimée ; les quatre milliards que coûtent annuellement les armées permanentes laissés dans la poche des citoyens ; les quatre millions de jeunes travailleurs qu'annule honorablement l'uniforme restitués au commerce, à l'agriculture et à l'industrie ; partout le fer disparu sous la forme glaive et chaîne et reforgé sous la forme charrue ; la paix, déesse à huit mamelles, ma·jestueusement assise au milieu des hommes ; aucune exploitation, ni des petits par les gros, ni des gros par les petits, et partout la dignité de l'utilité de chacun sentie par tous ; l'idée de domesticité purgée de l'idée de servitude ; l'égalité sortant toute construite de l'instruction gratuite et obligatoire ; l'égout remplacé par le drainage ; le châtiment remplacé par l'enseignement ; la prison transfigurée en école ; l'ignorance, qui est la suprême indigence, abolie ; l'homme qui ne sait pas lire aussi rare que l'aveugle-né ; le *jus contra legem* compris ; la politique résorbée par la science ; la simplification des antagonismes produisant la simplification des événements eux-mêmes ; le côté factice des faits s'éliminant ; pour

loi, l'incontestable, pour unique sénat, l'institut.
Le gouvernement restreint à cette vigilance con-
sidérable, la voirie, laquelle a deux nécessités,
circulation et sécurité. L'État n'intervenant jamais que pour offrir gratuitement le patron et
l'épure. Concurrence absolue des à-peu-près en
présence du type, marquant l'étiage du progrès.
Nulle part l'entrave, partout la norme. Le collége normal, l'atelier normal, l'entrepôt normal,
la boutique normale, la ferme normale, le théâtre normal, la publicité normale, et à côté la liberté. La liberté du cœur humain respectée au
même titre que la liberté de l'esprit humain, aimer étant aussi sacré que penser. Une vaste marche en avant de la foule Idée conduite par l'esprit Légion. La circulation décuplée ayant pour
résultat la production et la consommation centu-
plées ; la multiplication des pains, de miracle, devenue réalité ; les cours d'eau endigués, ce qui
empêchera les inondations, et empoissonnés, ce
qui produira la vie à bas prix ; l'industrie engen-
drant l'industrie, les bras appelant les bras, l'œuvre faite se ramifiant en innombrables œuvres à

faire, un perpétuel recommencement sorti d'un perpétuel achèvement, et, en tout lieu, à toute heure, sous la hache féconde du progrès, l'admirable renaissance des têtes de l'hydre sainte du travail. Pour guerre l'émulation. L'émeute des intelligences vers l'aurore. L'impatience du bien gourmandant les lenteurs et les timidités. Toute autre colère disparue. Un peuple fouillant les flancs de la nuit et opérant, au profit du genre humain, une immense extraction de clarté. Voilà quelle sera cette nation.

Cette nation aura pour capitale Paris, et ne s'appellera point la France; elle s'appellera l'Europe.

Elle s'appellera l'Europe au vingtième siècle, et, aux siècles suivants, plus transfigurée encore, elle s'appellera l'Humanité.

L'Humanité, nation définitive, est dès à présent entrevue par les penseurs, ces contemplateurs des pénombres; mais ce à quoi assiste le dix-neuvième siècle, c'est à la formation de l'Europe.

Vision majestueuse. Il y a dans l'embryogénie des peuples, comme dans celle des êtres, une heure sublime de transparence. Le mystère consent à se laisser regarder. Au moment où nous sommes, une gestation auguste est visible dans les flancs de la civilisation. L'Europe, une, y germe. Un peuple, qui sera la France sublimée, est en train d'éclore. L'ovaire profond du progrès fécondé porte, sous cette forme dès à présent distincte, l'avenir. Cette nation qui sera, palpite dans l'Europe actuelle comme l'être ailé dans la larve reptile. Au prochain siècle, elle déploiera ses deux ailes, faites, l'une de liberté, l'autre de volonté.

Le continent fraternel, tel est l'avenir. Qu'on en prenne son parti, cet immense bonheur est inévitable.

Avant d'avoir son peuple, l'Europe a sa ville. De ce peuple qui n'existe pas encore, la capitale existe déjà. Cela semble un prodige, c'est une loi. Le fœtus des nations se comporte comme le fœtus de l'homme, et la mystérieuse construction de l'embryon, à la fois végétation et vie, commence toujours par la tête.

II

LE PASSÉ

II

Le Passé

I

Il y a des points du globe, des bassins de val-
lées, des versants de collines, des confluents de
fleuves qui ont une fonction. Ils se combinent
pour créer un peuple. Dans telle solitude, il existe
une attraction. Le premier pionnier venu s'y

arrête. Une cabane suffit quelquefois pour déposer la larve d'une ville.

Le penseur constate des endroits de ponte mystérieuse. De cet œuf sortira une barbarie, de cet autre une humanité. Ici Carthage, là Jérusalem. Il y a les villes monstres de même qu'il y a les villes prodiges.

Carthage naît de la mer, Jérusalem de la montagne. Quelquefois le paysage est grand, quelquefois il est nul. Ce n'est pas une raison d'avortement.

Voyez cette campagne. Comment la qualifierez-vous? Quelconque. Çà et là des broussailles. Faites attention. La chrysalide d'une ville est dans ces broussailles.

Cette cité en germe, le climat la couve. La plaine est mère, la rivière est nourrice. Cela est viable, cela pousse, cela grandit. A une certaine heure, c'est Paris.

Le genre humain vient là se concerter. Le tourbillon des siècles s'y creuse. L'histoire s'y dépose sur l'histoire. Le passé s'y approfondit, lugubre.

C'est là Paris, et l'on médite. Comment s'est formé ce chef-lieu suprême?

Cette ville a un inconvénient. A qui la possède, elle donne le monde.

Si c'est par un crime qu'on l'a, elle donne le monde à un crime.

II

Paris est une sorte de puits perdu.

Son histoire, microcosme de l'histoire générale, épouvante par moments la réflexion.

Cette histoire est, plus qu'aucune autre, spécimen et échantillon. Le fait local y a un sens universel. Cette histoire est, pas à pas, l'accentuation du progrès. Rien n'y manque de ce qui est ailleurs. Elle résume en soulignant. Tout s'y réfracte, mais tout s'y réfléchit. Tout s'y abrége et s'y exagère en même temps. Pas d'étude plus poignante.

L'histoire de Paris, si on la déblaie, comme on déblaierait Herculanum, vous force à recommencer sans cesse le travail. Elle a des couches

d'alluvion, des alvéoles de syringe, des spirales
de labyrinthe. Disséquer cette ruine à fond semble impossible. Une cave nettoyée met à jour
une cave obstruée. Sous le rez-de-chaussée, il y
a une crypte, plus bas que la crypte une caverne,
plus avant que la caverne un sépulcre, au-dessous du sépulcre le gouffre. Le gouffre, c'est
l'inconnu celtique. Fouiller tout est malaisé.
Gilles Corrozet l'a essayé par la légende; Ma-
lingre et Pierre Bonfons par la tradition, Du
Breul, Germain Brice, Sauval, Béquillet, Piga-
niol de la Force par l'érudition, Hurtaut et
Marigny par la méthode, Jalliot par la critique,
Felibien, Lobineau et Lebœuf par l'orthodoxie,
Dulaure par la philosophie; chacun y a cassé
son outil.

Prenez les plans de Paris à ses divers âges.
Superposez-les l'un à l'autre concentriquement à
Notre-Dame. Regardez le quinzième siècle dans
le plan de Saint-Victor, le seizième dans le plan
de tapisserie, le dix-septième dans le plan de
Bullet, le dix-huitième dans les plans de Gom-
boust, de Roussel, de Denis Thierry, de Lagrive.

de Bretez, de Verniquet, le dix-neuvième dans le plan actuel, l'effet de grossissement est terrible.

Vous croyez voir, au bout d'une lunette, l'approche grandissante d'un astre.

III

Qui regarde au fond de Paris a le vertige. Rien de plus fantastique, rien de plus tragique, rien de plus superbe. Pour César, ville vectigale; pour Julien, maison de campagne; pour Charlemagne, école où il appelle des docteurs d'Allemagne, et des chantres d'Italie, et que le pape Léon III qualifie *Soror bona* (*Sorbonne*, n'en déplaise à Robert Sorbon); pour Hugues Capet, palais de famille; pour Louis VI, port avec péage; pour Philippe Auguste, forteresse; pour saint Louis, chapelle; pour Louis le Hutin, gibet; pour Charles V, bibliothèque; pour Louis XI, imprimerie; pour François Ier, cabaret; pour Richelieu, académie; Paris est, pour Louis XIV, le lieu des lits de justice et de chambres ardentes, et pour Bonaparte, le grand carrefour de la guerre. Le commencement de Paris est contigu au déclin de Rome. La statue de marbre d'une dame latine morte à Lutèce comme Julia Alpinula à Avenches a dormi vingt siècles dans le vieux sol parisien ; on l'a trouvée en fouillant la rue Montholon. Paris est qualifié « la ville de Jules » par Boëce, homme consulaire, qui mourut d'une corde serrée autour de sa tête par le bourreau jusqu'au jaillissement des yeux. Tibère a, pour ainsi dire, posé la première pierre de Notre-Dame ; c'est lui qui avait trouvé cette place bonne pour un temple, et qui y avait érigé un autel au dieu Cerennos et au taureau Esus. Sur la montagne Sainte-Geneviève on a adoré Mercure, dans l'île Louviers Isis, rue de la Barillerie Apollon, et là où sont les Tuileries, Caracalla. Caracalla est cet empereur qui faisait dieu son frère Geta à coups de poignard en disant : *divus sit, dùm non vivus.* Les marchands d'eau qu'on appelait les nautes ont précédé de quinze cents ans la Samaritaine. Il y a eu une poterie étrusque rue Jean-de-Beauvais, une arène à gladiateurs, rue des Fossés-Saint-Victor, aux Thermes un aqueduc venant de Rongis par Arcueil, et rue Saint-Jacques une voie romaine avec embranchements sur Ivry, Grenelle, Sèvres et le mont Cétard. L'Égypte n'est pas seulement représentée à Lutèce par Isis ; une tradition veut qu'on ait trouvé vivant dans une pierre d'alluvion de la Seine un crocodile dont on voyait encore au seizième siècle la momie appliquée au plafond de la grande salle du Palais de Justice. Autour de Saint-Landry se croisait le réseau des rues romanes où circulaient les monnaies de Richiaire, roi des Suèves, marquées à l'effigie d'Honorius. Le quai des Morfondus recouvre la berge de boue où s'imprimaient les pieds nus du roi de France Clotaire, lequel habitait un château de poutres cloisonnées de peaux de bœuf, dont quelques-unes, fraîches écorchées, imitaient la pourpre. Où est la rue Guénégaud, Herchinaldus, maire de Normandie, et Flachoat, maire de Bourgogne, conféraient avec Sigebert II, qui portait, clouées à son chapeau, comme un roi sauvage d'aujourd'hui, deux pièces de monnaie, un

quinaire des Vandales et un triens d'or des Visi-
goths. Au chevet de Saint-Jean-le-Rond, était incrustée une dalle étalant, gravé en latin, le capitulaire du sixième siècle : « Que le voleur présumé
soit saisi ; si c'est un noble, qu'on le juge ; si c'est
un vilain, qu'on le pende sur place. *Loco penda-
tur* ». Où est l'archevêché, il y a eu une pierre
dressée en commémoration de la mise à mort des
neuf mille familles bulgares qui avaient fui en
Bavière, en 631. Dans une bruyère où est à présent la Bourse, les héraults ont proclamé la guerre
entre Louis le Gros et la maison de Coucy. Louis
le Gros, qui donna asile en France à cinq papes
chassés, Urbain II, Paschal II, Gélase II, Ca-
lixte II et Innocent II, venait de sortir vainqueur
de sa guerre contre le baron de Montmorency et
le baron de Puiset. Dans une crypte romaine qui
a existé à peu près où fut bâtie la salle dite Rue
de Paris au Palais de Justice, on apporta de Compiègne le premier orgue connu en Europe, qui
était un don de Constantin Copronyme à Pepin le
Bref, et dont le bruit fit mourir une femme de
saisissement. Les caborsins, nous dirions aujour-

d'hui les boursiers, étaient battus de verges devant le pilier des Halles *Septemsunt* dédié à Pythagore le musicien ; ce nom *Septem* était justifié par six autres noms écrits au revers du pilier : Ptolémée l'astronome, Platon le théologien, Euclide le géomètre, Archimède le mécanicien, Aristote le philosophe et Nicomaque l'arithméticien. C'est à Paris que la civilisation a germé, qu'Oribase de Pergame, questeur de Constantinople, a abrégé et expliqué Galien, que se sont fondées la hanse pour les marchands, imitée en Allemagne, et la basoche pour les clercs, imitée en Angleterre, que Louis XI a bâti des églises, Sainte-Catherine entr'autres, « à la prière des sergents d'armes », que l'assemblée des barons et des évêques est devenue parlement et que Charlemagne, dans son capitulaire concernant Saint-Germain-des-Prés, a défendu aux ecclésiastiques de tuer des hommes. Célestin II y est venu à l'école sous Pierre Lombard. L'étudiant Dante Alighieri a logé rue du Fouarre. Abeilard rencontrait Héloïse rue Basse-des-Ursins. Les empereurs d'Allemagne haïssaient Paris comme « tison de mauvais feu, » et Othon II,

ce boucher qu'on appelait « la Pâle mort des Sar-
rasins » *Pallida mors Sarracenorum*, frappait une
des portes de la Cité d'un coup de lance dont elle
a eu longtemps la marque. Le roi d'Angleterre,
autre ennemi, a campé à Vaugirard.

IV

Paris a grandi entre la guerre et la disette.
Charles le Chauve donnait aux Normands, qui
avaient brûlé les églises de Sainte-Geneviève et
de Saint-Pierre et la moitié de la Cité, sept mille
livres d'argent pour racheter le reste. Paris a été
radeau de *la Méduse*; la famine y a agonisé; en
975, on y tirait au sort à qui serait mangé. L'abbé
de Saint-Germain-des-Prés et l'abbé de Saint-
Martin-des-Champs, crénelés dans leurs monas-
tères, s'attaquaient et se combattaient dans les
rues, car le droit aux guerres privées a existé
jusqu'en 1257. En 1255, saint Louis établit l'inquisition en France; acclimatation vénéneuse.
A partir de ce moment, persécutions sans nom-

bre dans Paris; en 1255, contre les banquiers;
en 1311, contre les béguards, les hérétiques et
les lombards; en 1323, contre les franciscains
et les magiciens; en 1372, contre les turlupins;
puis contre les jureurs, les patérins et les réfor-
mateurs. Les révoltes donnent la réplique. Les
écoliers, les jacques, les maillotins, les cabo-
chiens, les tuchins, ébauchent cette résistance,
que plus tard les prêtres copieront dans la Ligue
et les princes dans la Fronde; en 1588 viendra
la première barricade, et le peuple, à qui Philippe-
Auguste a donné ce dallage de grès nommé le
pavé de Paris, apprendra la manière de s'en servir. Avec les révoltes se multiplient les supplices; et, honneur des lettres et de la science,
à travers ce pêle-mêle de charniers, de piloris et
de potences, germent et croissent les colléges,
Lisieux, Bourgogne, les Écossais, Marmoutier,
Chancer, Hubant, l'Ave-Maria, Mignon, Autun,
Cambray, maître Clément, cardinal Lemoine, de
Thou, Reims, Coquerel, de la Marche, Séez, le
Mans, Boissy, la Merci, Clermont, les Grassins,
d'où sortira Boileau, Louis le Grand, d'où sortira

Voltaire; et à côté des colléges, les hôpitaux,
asiles terribles, espèces de cirques où les pestes
dévorent les hommes. La variété de ces pestes,
née de la variété des pourritures, est inouïe; c'est
le feu sacré, c'est la florentine, c'est le mal des
ardents, c'est le mal des enfers, c'est la fièvre
noire; elles font des fous; elles gagnent jusqu'aux
rois, et Charles VI tombe en « chaude maladie. »
Les impôts étaient si excessifs qu'on tâchait de
devenir lépreux pour n'en point payer. De là le
synonyme de ladre et d'avare. Entrez dans cette
légende, descendez-y, errez-y. Tout dans cette
ville, si longtemps en mal de révolution, a un
sens. La première maison venue en sait long. Le
sous-sol de Paris est un recéleur; il cache l'histoire. Si les ruisseaux des rues entraient en aveu,
que de choses ils diraient! Faites fouiller le tas
d'ordures des siècles par le chiffonnier Chodruc
Duclos au coin de la borne de Ravaillac! Si trouble et si épaisse que soit l'histoire, elle a des
transparences, regardez-y. Tout ce qui est mort
comme fait, est vivant comme enseignement. Et,
surtout, ne triez pas. Contemplez au hasard.

V

Sous le Paris actuel, l'ancien Paris est distinct,
comme le vieux texte dans les interlignes du
nouveau. Otez de la pointe de la Cité la statue de
Henri IV, et vous apercevrez le bûcher de Jacques Molay. C'est sur la place du château des
Porcherons, devant l'Hôtel Coq, en présence de
l'oriflamme déployée par le comte de Vexin,
avoué de l'abbaye de Saint-Denis, que, sur la
proclamation des six évêques pairs de France,
Jean Ier, immédiatement après son sacre, qui
eut lieu le 24 septembre, et le supplice du comte
de Guines, qui eut lieu le 24 novembre, fut sur-
nommé « le Bon. » A l'hôtel Saint-Pol, Isabeau
de Bavière mangeait de l'aigrun, c'est-à-dire des
oignons de Corbeil, des « eschaloignes » d'É-
tampes, et des gousses d'ail de Grandeluz, tout
en riant avec quelque prince anglais de la pa-
ternité de son mari Charles VI sur son fils Charles VII. C'est sur le Pont-au-Change que fut
crié, le 23 août 1553, l'édit du parlement défen-

dant de parier si une femme grosse accoucherait
d'une fille ou d'un garçon. C'est dans la salle
basse du Châtelet que, sous François Ier, père des
lettres, on donnait aux imprimeurs relaps la
question à seize crans. C'est rue du Pas-de-la-
Mule que passait presque tous les jours, en 1560,
le premier président du parlement de Paris,
Gilles le Maistre, monté sur une mule suivi de
sa femme dans une charrette et de sa servante
sur une ânesse, allant le soir voir pendre les
gens qu'il avait jugés le matin. Dans la tour de
Montgomery, non loin du logis du concierge du
palais, lequel avait droit à deux poules par jour
et aux cendres et tisons de la cheminée du roi,
était creusé, au dessous du niveau de la Seine,
ce cachot nommé *la Souricière*, à cause des souris qui y rongeaient vivants les prisonniers.
Dans l'embranchement des rues appelé le Tra-
hoir, parce que Brunehaut, dit-on, y fut traînée à
la queue d'un cheval à l'âge de quatre-vingts ans
et plus tard l'Arbre-Sec, à cause d'un arbre sec,
c'est-à-dire d'une potence qui était là en permanence, au pied du gibet, à quelques pas d'un étu-

viste où se faisaient les plus gaies orgies nobles
du seizième siècle, des bouquetières offraient des
fleurs et des fruits aux passants avec ce chant :

> Fleur d'aiglantier,
> Verjux à faire aillie.

A la porte Saint-Honoré, le cardinal de Bourbon,
qui fut une ébauche de Charles X, et le duc de
Guise, se sont promenés pour la première fois
avec des gardes, nouvelle qui fit subitement
blanchir la moitié de la moustache du roi de
Navarre. C'est en sortant de faire ses dévotions
à Sainte-Marie-l'Égyptienne que Henri III tira de
dessous ses petits chiens pendus à son cou dans
un panier rond l'édit qu'il remit au chancelier
Chiverny et qui reprenait aux bourgeois de Paris
la noblesse que leur avait octroyée Charles V.
C'est devant la fontaine Saint-Paul, rue Saint-
Antoine, qu'aux obsèques du cardinal de
Birague la cour des aides et la chambre
des comptes se donnèrent des coups de poing
pour la préséance. Ici a été la grand'chambre où
siégeait « la magistrature française, » longues

barbes au seizième siècle, larges perruques au
dix-septième, et ici est le guichet du Louvre par
où sortaient de grand matin les mousquetaires
noirs ou gris qui, de temps en temps, venaient
mettre ces barbes et ces perruques à la raison.
On sait qu'elles étaient parfois réfractaires. En
1644, par exemple, l'opposition du parlement alla
jusqu'à consentir à la surcharge de l'emprunt, dit
forcé, pour toute la France, le parlement excepté.
Une certaine acceptation des voleurs et des
chauve-souris a longtemps caractérisé les rues
de Paris; avant Louis XI, pas de police; avant
La Reynie, pas de lanternes. En 1667, la cour
des miracles, ayant encore toutes ses guenilles
gothiques, fait vis-à-vis aux carrousels de Louis
XIV. Cette vieille terre parisienne est un gise-
ment d'événements, de mœurs, de lois, de coutumes; tout y est minerai pour le philosophe,
Venez, voyez. Cet emplacement a été le Marché
aux Pourceaux; là, dans une cuve de fer, au
nom de ces princes qui, entre autres habiletés
monétaires, inventèrent le *tournois noir*, et qui,
au quatorzième siècle, en l'espace de cinquante

ans, trouvèrent moyen de faire* sept fois de
suite à la fortune publique la rognure d'une ban-
queroute, phénomène royal renouvelé sous
Louis XV, au nom de Philippe Ier, qui déclara
argent les espèces de billon, au nom de Louis VI
et de Louis VII qui contraignirent tous les Français, les bourgeois de Compiègne exceptés, à
prendre des sous pour des livres, au nom de
Philippe le Bel, qui fabriqua ces angevins d'or
douteux appelé *moutons à la grande laine* et *moutons à la petite laine*, noms qui symbolisent la
tonte du peuple, au nom de Philippe de Valois
qui altéra le florin Georges, au nom du roi Jean
qui éleva des rondelles de cuir, portant un clou
d'argent au centre, à la dignité de ducats d'or,
au nom de Charles VII, doreur et argenteur de
liards qu'il qualifia *saluts d'or* et *blancs d'argent*,
au nom de Louis XI, qui décréta que les hardis
d'un denier en valaient trois, au nom de Henri II,
lequel fit des henris d'or qui étaient en plomb,
pendant cinq siècles, on a bouilli vifs les faux
monnayeurs.

   * 1306. — 1339. — 1342. — 1347. — 1348. — 1353. — 1358.

VI

Au centre de ce qu'on appelait alors la Ville, distincte de la Cité, est la Maubuée (mauvaise fumée), lieu où l'on a rôti, dans le goudron et les fagots verts, tant de juifs pour punir « leur anthropomance », et, dit le conseiller De l'Ancre, « les admirables cruautés dont ils ont toujours « usé envers les chrétiens, leur forme de vie, « leur synagogue déplaisante à Dieu, leur im- « mondicité et puanteur. » Un peu plus à l'écart, l'antiquaire rencontre le coin de la rue du Gros-Chenet, où l'on brûlait les sorciers en présence d'un bas-relief doré et peint, attribué à Nicolas Flamel, et représentant le météore tout en feu, gros comme une meule de moulin, qui tomba à Ægos-Potamos, la nuit où naquit Socrate, et que Diogène d'Apollonie, le législateur de l'Asie-Mineure, appelle une « étoile de pierre. » Puis ce carrefour Baudet, où fut criée et commandée, à son de corne et de trompe, comme le raconte Gaguin, l'extermination des lépreux par tout le

royaume, à cause d'une mixture d'herbe, de
sang et « d'eau humaine, » roulée dans un linge
et liée à une pierre, dont ils empoisonnaient les
citernes et les rivières. D'autres cris avaient lieu.
Ainsi, devant le Grand-Châtelet, les six hérauts
d'armes de France, vêtus de velours blanc sous
leurs dalmatiques fleurdelysées, et le caducée à
la main, venaient, après les pestes, les guerres
et les disettes, rassurer le peuple et lui annoncer
que le roi daignait continuer à recevoir l'impôt.
A l'extrémité nord-est, cette place, place Royale
de la Monarchie, place des Vosges de la Répu-
blique, fut l'enclos royal des Tournelles, où Philippe de Comines partageait le lit de Louis XI,
ce qui dérange un peu son sévère profil d'historien ; on ne se figure guère Tacite couchant avec
Tibère. Philippe de Comines, qui était sénéchal
de Poitiers, était aussi seigneur de Chaillot, et
avait toute la Cerisaie jusqu'au fossé de l'égout
de Paris, sept fiefs arriérés tenus de la Tour
Carrée, plus justice moyenne et basse avec mairie
et sergent. Cela, heureusement, ne l'empêche pas
d'être un des ancêtres de la langue française.

VII

Il faut, en présence de cette histoire de Paris, s'écrier à chaque instant comme John Howard devant d'autres misères : *C'est ici que les petits faits sont grands.* Quelquefois cette histoire offre un double sens ; quelquefois un triple sens ; quelquefois aucun. C'est alors qu'elle inquiète l'esprit. Il semble qu'elle tourne à l'ironie. Elle met en relief tantôt un crime, tantôt une sottise, parfois on ne sait quoi qui n'est ni sottise ni crime et qui pourtant fait partie de la nuit. Au milieu de ces énigmes on croit entendre derrière soi, en aparté, l'éclat de rire bas du sphynx. Partout des contrastes ou des parallélismes qui ressemblent à de la pensée dans le hasard. Au numéro 14 de la rue de Béthisy meurt Coligny et naît Sophie Arnould, et voilà brusquement rapprochés les deux aspects caractéristiques du passé, le fanatisme sanglant et la jovialité cynique. Les Halles qui ont vu naître le théâtre (sous Louis XI), voient naître Molière. L'année où

meurt Turenne, madame de Maintenon éclôt;
remplacement bizarre; c'est Paris qui donne
à Versailles madame Scarron, reine de France,
douce jusqu'à la trahison, pieuse jusqu'à la
férocité, chaste jusqu'au calcul, vertueuse jusqu'au vice. Rue des Marais, Racine écrit *Bajazet*
et *Britannicus* dans une chambre où, cinquante
ans plus tard, la duchesse de Bouillon, empoi-
sonnant Adrienne Lecouvreur, vient faire à son
tour une tragédie. Au numéro 23 de la rue du
Petit-Lion, dans un élégant hôtel de la Renaissance dont il reste un pan de mur, tout à côté
de cette grosse tour à vis de Saint-Gilles où
Jean Sans Peur, entre le coup de poignard de
la rue Barbette et le coup d'épée du pont de
Montereau, causait avec son bourreau Cape-
luche, ont été jouées les comédies de Marivaux.
Assez près l'une de l'autre, s'ouvrent deux
fenêtres tragiques : par celle-ci, Charles IX a
fusillé les Parisiens; par celle-là, on a donné
de l'argent au peuple pour l'écarter de l'enterre-
ment de Molière. Qu'est-ce que le peuple voulait
à Molière mort? l'honorer? Non, l'insulter. On

distribua à cette foule quelque monnaie, et les mains qui étaient venues boueuses, s'en allèrent payées. O sombre rançon d'un cercueil illustre ! C'est de nos jours qu'a été démolie la tourelle à la croisée de laquelle le dauphin Charles, tremblant devant Paris irrité, se coiffa du chaperon écarlate d'Étienne Marcel, trois cent trente ans avant que Louis XVI se coiffât du bonnet rouge. L'arcade Saint-Jean a vu passer un petit « Dix-août », le 10 août 1652, qui esquissa la mise en scène du grand ; il y eut branle du bourdon de Notre-Dame et mousqueterie. Cela s'appelle l'*émeute des têtes de papier*. C'est encore en août, la canicule est anarchique, c'est le 23 août 1658, qu'eut lieu sur le quai de la Vallée, dit autrefois le Val-Misère, la bataille des moines Augustins contre les hoquetons du parlement ; le clergé recevait volontier les arrêts de la magistrature à coups de fusil ; il qualifiait la justice empiétement ; il s'échangea entre le couvent et les archers une grosse arquebusade, ce qui fit accourir Lafontaine, criant sur le Pont-Neuf : *Je vais voir tuer des Augustins*. Non loin du collége Fortet, où ont siégé les Seize, est le cloître des Cordeliers où a surgi Marat. La place Vendôme a servi à Law avant de servir à Napoléon. A l'hôtel Vendôme il y avait une petite cheminée de marbre blanc célèbre par la quantité de suppliques de forçats huguenots qu'y a jetées au feu Campistron, lequel était secrétaire général des galères, en même temps que chevalier de Saint-Jacques et commandeur de Chimène en Espagne, et marquis de Penange en Italie, dignités bien dues au poète qui avait apitoyé la cour et la ville sur Tiridate résistant au mariage d'Érinice avec Abradate. Du lugubre quai de la Ferraille qui a vu tant d'atrocités juridiques, et qui était aussi le quai des Raccoleurs, sont sortis tous ces joyeux types militaires et populaires, Laramée, Laviolette, Vadeboncœur, et ce Fanfan la Tulipe mis de nos jours à la scène avec tant de charme et d'éclat par Paul Meurice. Dans un galetas du Louvre est né, de Théophraste Renaudot, le journalisme; cette fois ce fut la souris qui accoucha d'une montagne. Dans un autre compartiment du même

Louvre a prospéré l'Académie française, laquelle n'a jamais eu un quarante et unième fauteuil qu'une fois, pour Pellisson, et n'a jamais porté le deuil qu'une fois, pour Voiture. Une plaque de marbre à lettres d'or, incrustée à l'un des coins de rue du marché des Innocents, a long-temps appelé l'attention des Parisiens sur ces trois gloires de l'année 1685, l'ambassade de Siam, le doge de Gênes à Versailles, et la révo-cation de l'édit de Nantes. C'est contre le mur de l'édifice appelé Val-de-Grâce que fut jetée une hostie* à propos de laquelle on brûla vifs trois hommes. Date : 1688. Six ans plus tard, Voltaire allait naître. Il était temps.

VIII

On montrait encore il y a quarante ans dans la sacristie de Saint-Germain-l'Auxerrois la chaise cramoisie, portant la date 1722, en laquelle trô-

* Champ des Capucines. Croix de la Sainte-Hostie.

nait le cardinal archevêque de Cambrai le jour
où le sieur Clignet, bailli de l'abbaye de Saint-
Remy de Reims, et les sieurs de Romaine, de
Sainte-Catherine et Godot, chevaliers de la Sainte-
Ampoule, vinrent prendre «les ordres de Son Émi-
nence au sujet du sacre de Sa Majesté. » L'émi-
nence était Dubois, la majesté était Louis XV.
Le garde-meuble conservait une autre chaise à
bras, celle du régent d'Orléans. C'est sur ce fauteuil que le régent d'Orléans était assis le jour
où il parla au comte de Charolais. M. de Charolais revenait de la chasse où il avait tué quelques faisans dans les bois et un notaire dans un
village. Le régent lui dit : *Allez-vous en, vous
êtes prince, et je ne ferai couper la tête ni au comte
de Charolais qui a tué un passant, ni au passant
qui tuera le comte de Charolais.* Ce mot a servi
deux fois. Plus tard, on a jugé utile de l'attri-
buer à Louis XV, promu Bien Aimé. Rue du
Battoir, le maréchal de Saxe avait son sérail
qu'il menait avec lui à la guerre, ce qui faisait à
la suite de l'armée trois coches pleins appelés
par les hulans « les fourgons à femmes du ma-

réchal. » Que d'événements étranges, parfois accumulés avec cette incohérence de la réalité où vous êtes libre de puiser des réflexions! Dans la même semaine, une femme, madame de Chaumont, gagne, dans l'agiotage de Mississipi, cent vingt-sept millions, les quarante fauteuils de l'Académie française sont envoyés à Cambrai pour y asseoir le congrès qui a cédé Gibraltar à l'Angleterre, et la grande porte de la Bastille s'entr'ouvre à minuit, laissant voir dans la première cour l'exécution aux flambeaux d'un inconnu dont personne n'a jamais su ni le nom ni le crime. Les livres étaient traités de deux façons; le parlement les brûlait, le théologal les lacérait. On les brûlait sur le grand escalier du palais, on les lacérait rue Chanoinesse. C'est, dit-on, dans cette rue, au milieu d'un rebut de livres condamnés, que les épîtres de Pline, depuis imprimées chez Alde Manuce, furent découvertes par le moine Joconde, le faiseur de ponts de pierre que Sannazar nommait *Pontifex**. Quant

---

* *Hunc tu jure potes dicere Pontificem.*

aux grands degrés du palais, à défaut des écrivains, « qui sentaient le roussi, » ils voyaient brûler les écrits. Boindin, au pied de cet escalier, disait à Lamettrie : *On vous persécute parce que vous êtes athée janséniste; moi, on me laisse tranquille parce que j'ai le bon sens d'être athée moliniste.*

Il y avait, en outre, pour les livres, les sentences de Sorbonne. La Sorbonne, calotte plutôt que dôme, dominait ce chaos de colléges qui était l'Université, et que le premier Balzac, dans sa querelle avec le Père Golu, a appelé le *Pays latin*, nom qui est resté. La Sorbonne avait, de par la scolastique, juridiction morale. La Sorbonne forçait Jean XXII à rétracter sa théorie de la vision béatifique; la Sorbonne déclarait le quinquina « écorce scélérate, » sur quoi le parlement faisait au quinquina *défense de guérir;* la Sorbonne donnait, à propos du sac de Civitta-di-Castello, raison, contre le pape Sixte IV, à Antoine Campani, cet évêque « dont une paysanne accoucha sous un laurier, » et à qui l'Allemagne déplut « si fort, dit son biographe, qu'à son retour en Ita-

lie, se trouvant au haut des Alpes, ce vénérable
prélat..... *, et dit à l'Allemagne :

« *Aspice nudatas, barbara terra, nates.* »

IX

La maison numéro 20, à Bercy, a appartenu à
Le Prevost de Beaumont, mis vivant dans une
des tombes de pierre de la tour Bertaudière pour
avoir dénoncé le Pacte de Famine. Tout auprès,
une autre maison toute mystérieuse s'appelle *la
Cour des crimes.* Personne ne sait ce que c'est.
Devant la porte de la prévôté de Paris, où des
cartouches sculptés et peints représentaient Énée,
Scipion, Charlemagne, Esplandian et Bayard,
qualifiés « fleurs de chevalerie et de loyauté, »
un huissier à verge, le 30 août 1766, cria l'édit
ordonnant aux gentilshommes de n'avoir désormais au côté que des épées longues de trente-
trois pouces au plus « avec la pointe en langue

* Nous omettons une ligne.

de carpe. » Les épées de guet-apens abondaient dans Paris. Très-bien portées. De là l'édit. D'autres répressions étaient nécessaires ; en 1750, à l'époque où l'ameublement d'une chambre pour le dauphin au pavillon de Bellevue venait de coûter dix-huit cent mille francs, on diminua, par esprit d'économie, la ration de pain des prisonniers, ce qui les affama et les fit révolter. On tira dans le tas à travers les grilles des prisons, et l'on en tua plusieurs; entre autres, au Fort-l'Évêque, deux femmes. Il y avait à l'Académie française un curieux effrayant, la Condamine; il rimait des bouquets à Chloris comme Gentil-Bernard, et explorait l'océan comme Vasco de Gama. Entre un quatrain et une tempête, il allait sur les échafauds considérer de près les supplices. Une fois il assistait, sur l'estrade même du tourment, à un écartèlement. Le patient, hagard et cerclé de fer, le regardait. — *Monsieur est un amateur*, dit le bourreau. Telles étaient les mœurs. Ceci se passait sur la place de Grève, le jour où Louis XV y assassina Damiens.

X

. . . .

Faut-il continuer? S'il était permis de se citer soi-même, celui qui écrit ces lignes dirait ici : *J'en passe, et des meilleurs*. Ajoutez à ce monceau douloureux la surcharge de Versailles, cette cour terrible, la maltôte, expédient des princes du dix-septième siècle, remplacée par l'agiotage, expédient des princes du dix-huitième, et ce Conti, difforme, écrasant de chiquenaudes le visage d'une jeune fille coupable d'être jolie, ce chevalier de Bouillon châtrant un manant pour le punir de s'appeler Lecoq, cet autre chevalier, un Rohan, bâtonnant Voltaire... — Quel précipice que ce passé! Descente lugubre. Dante y hésiterait. La vraie catacombe de Paris, c'est cela. L'histoire n'a pas de sape plus noire. Aucun dédale n'égale en horreur cette cave des vieux faits où tant de préjugés vivaces, et à cette heure encore bien portants, ont leurs racines. Ce passé n'est plus cependant, mais son cadavre est; qui

creuse l'ancien Paris le rencontre. Ce mot cadavre en dit trop peu. Un pluriel serait ici nécessaire. Les erreurs et les misères mortes sont
une fourmilière d'ossements. Elles emplissent
ce souterrain qu'on appelle les annales de Paris.
Toutes les superstitions sont là, tous les fanatismes, toutes les fables religieuses, toutes les fic-
tions légales, toutes les antiques choses dites sa-
crées, règles, codes, coutumes, dogmes, et l'on
distingue à perte de vue, dans ces ténèbres, le
ricanement sinistre de toutes ces têtes de mort.
Hélas! les hommes infortunés qui accumulent les
exactions et les iniquités oublient ou ignorent
qu'il y a un compteur. Ces tyrannies, ces lettres
de cachet, ces jussions, ce Vincennes, ce donjon
du Temple, où Jacques Molay a assigné le roi de
France à comparaître devant Dieu, ce Montfau-
con où est pendu Enguerrand de Marigny qui l'a
construit, cette Bastille où est enfermé Hugues
Aubriot qui l'a bâtie, ces cachots copiant les
puits et ces « calottes » copiant les plombs de
Venise, cette promiscuité de tours, les unes pour
la prière, les autres pour la prison, cette disper-

sion de glas et de tocsins faite par toutes ces clo-
ches pendant douze cents ans, ces gibets, ces
estrapades, ces voluptés, cette Diane toute nue
au Louvre, ces chambres tortionnaires, ces ha-
rangues des magistrats à genoux, ces idolâtries
de l'étiquette, connexes aux raffinements de supplices, ces doctrines que tout est au roi, ces sottises, ces hontes, ces bassesses, ces mutilations de
toutes les virilités, ces confiscations, ces persécutions, ces forfaits, se sont silencieusement
additionnés de siècle en siècle, et il s'est trouvé
un jour que toute cette ombre avait un total. 1789.

III

SUPRÉMATIE DE PARIS

III

Suprématie de Paris

I

1789. Depuis un siècle bientôt, ce nombre est
la préoccupation du genre humain. Tout le phénomène moderne y est contenu.

Ces dates-là sont des chiffres exigibles.

Payez.

Et ne soyez pas de mauvaise foi avec ces chiffres impérieux. Éludés, ils grossissent; et tout à coup, au lieu de 89, le débiteur trouve 93.

Pourquoi tout à l'heure avons-nous rappelé ces faits, puisés au hasard dans le saisissant pêle-mêle du souvenir, tous ces faits, et tant d'autres? Parce qu'ils expliquent.

Ils ont une source, le despotisme, et ils ont une embouchure, la démocratie.

Sans eux, et sans leur résultat, 89, la suprématie de Paris, est une énigme. Réfléchissez, en effet. Rome a plus de majesté, Trèves a plus d'ancienneté, Venise a plus de beauté, Naples a plus de grâce, Londres a plus de richesse. Qu'a donc Paris? La révolution.

Paris est la ville pivot sur laquelle, à un jour donné, l'histoire a tourné.

Palerme a l'Etna, Paris a la pensée. Constantinople est plus près du soleil, Paris est plus près de la civilisation. Athènes a bâti le Parthénon, mais Paris a démoli la Bastille.

George Sand parle magnifiquement quelque part des vies antérieures. Ces existences préparatoires, sortes de dépouillements successifs de la destinée, les villes les ont comme les hommes. Paris druidique, Paris romain, Paris carlovingien, Paris féodal, Paris monarchique, Paris philosophe, Paris révolutionnaire, quelle ascension, lente, mais quelle sublime sortie des ténèbres!

Après moi le déluge! dit le dernier sultan de la série. On sent, en effet, sous ce Louis XV, qu'un certain accomplissement s'apprête, tant la petitesse de tout est formidable. Vers la fin du dix-huitième siècle, l'histoire ne peut plus être étudiée qu'au microscope. On voit un fourmillement de nains, et c'est tout; d'Aiguillon, Richelieu, Maurepas, Calonne, Vergennes, Brienne, Montmorin; brusquement une ouverture se fait dans ce qu'on pourrait nommer le mur du fond, et il apparaît des inconnus hauts de cent coudées, et voici Mirabeau, l'homme éclair, et voici Danton, l'homme foudre, et les événements deviennent dignes de Dieu.

Il semble que la France commence.

II

On sait ce que c'est que le point vélique d'un navire ; c'est le lieu de convergence, endroit d'intersection mystérieux pour le constructeur luimême, où se fait la somme des forces éparses dans toutes les voiles déployées. Paris est le point vélique de la civilisation. L'effort partout dispersé se concentre sur ce point unique ; la pesée du vent s'y appuie. La désagrégation des initiatives divergentes dans l'infini vient s'y recomposer et y donne sa résultante. Cette résultante est une poussée profonde, parfois vers le gouffre, parfois vers les Atlantides inconnues. Le genre humain, remorqué, suit. Percevoir, pensif, ce murmure de la marche universelle, cette rumeur des tempêtes en fuite, ce bruit d'agrès, ces soufflements d'âmes en travail, ces gonflements et ces tensions de manœuvre, cette vitesse de la bonne route faite, aucune extase ne vaut cette rêverie. Paris est sur toute la terre le lieu où l'en entend le mieux frissonner l'immense voilure invisible du progrès.

Paris travaille pour la communauté terrestre.

De là autour de Paris, chez tous les hommes, dans toutes les races, dans toutes les colonisations, dans tous les laboratoires de la pensée, de la science et de l'industrie, dans toutes les capitales, dans toutes les bourgades, un consentement universel.

Paris fait à la multitude la révélation d'elle-même. Cette multitude que Cicéron appelle *plebs*, que Bessarion appelle *canaglia*, que Walpole appelle *mob*, que de Maistre appelle *populace*, et qui n'est pas autre chose que la matière première de la nation, à Paris elle se sent Peuple. Elle est à la fois brouillard et clarté. C'est la nébuleuse qui, condensée, sera l'étoile.

Paris est le condensateur.

III

Voulez-vous vous rendre compte de ce qu'est cette ville? Faites une chose étrange. Mettez-la aux prises avec la France. Et d'abord éclate une question. Quelle est la fille? quelle est la mère? Doute pathétique. Stupéfaction du penseur.

Ces deux géantes en viennent aux mains. De quel côté est la voie de fait impie?

Cela s'est-il jamais vu? Oui. C'est presque un fait normal. Paris s'en va seul, la France suit de force, et irritée; plus tard elle s'apaise et applaudit; c'est une des formes de notre vie nationale. Une diligence passe avec un drapeau; elle vient de Paris. Le drapeau n'est plus un drapeau, c'est une flamme, et toute la traînée de poudre humaine prend feu derrière lui.

Vouloir toujours; c'est le fait de Paris. Vous croyez qu'il dort, non, il veut. La volonté de Paris en permanence, c'est là ce dont ne se doutent pas assez les gouvernements de transition. Paris est toujours à l'état de préméditation. Il a une patience d'astre mûrissant lentement un fruit. Les nuages passent sur sa fixité. Un beau jour, c'est fait. Paris décrète un événement. La France, brusquement mise en demeure, obéit.

C'est pour cela que Paris n'a pas de conseil municipal.

Cet échange d'effluves entre Paris centre, et la France sphère, cette lutte qui ressemble à un balancement de gravitations, ces alternatives de résistance et d'adhésion, ces accès de colère de la nation contre la cité, puis ces acceptations, tout cela indique nettement que Paris, cette tête, est plus que la tête d'un peuple. Le mouvement est français, l'impulsion est parisienne. Le jour où l'histoire, devenue de nos jours si lumineuse, donnera à ce fait singulier la valeur qu'il a, on verra clairement le mode d'ébranlement universel, de quelle façon le progrès entre en matière, sous quels prétextes la réaction s'attarde, et comment la masse humaine se désagrége en avant-garde et en arrière-garde, de telle sorte que l'une est déjà à Washington, tandis que l'autre est encore à César.

Sur ce conflit séculaire, et si fécond en émulation, de la nation et de la cité, posez la révolution, voici ce que donne ce grossissement : d'un côté

la Convention, de l'autre la Commune. Duel tita-
nique.

Ne reculons pas devant les mots, la Convention
incarne un fait définitif, le Peuple, et la Commune
incarne un fait transitoire, la Populace. Mais ici
la populace, personnage immense, a droit. Elle
est la Misère, et elle a quinze siècles d'âge. Eu-
ménide vénérable. Furie auguste. Cette tête de
Méduse a des vipères, mais des cheveux blancs.

La Commune a droit; la Convention a raison.
C'est là ce qui est superbe. D'un côté la Populace, mais sublimée; de l'autre, le Peuple, mais
transfiguré. Et ces deux animosités ont un amour,
le genre humain, et ces deux chocs ont une résultante, la Fraternité. Telle est la magnificence
de notre révolution.

Les révolutions ont un besoin de liberté, c'est
leur but, et un besoin d'autorité, c'est leur moyen.
La convulsion étant donnée, l'autorité peut aller
jusqu'à la dictature et la liberté jusqu'à l'anarchie.
De là un double accès despotique qui a le sombre
caractère de la nécessité, un accès dictatorial et
un accès anarchique. Oscillation prodigieuse.

Blâmez si vous voulez, mais vous blâmez l'élément. Ce sont des faits de statique, sur lesquels vous dépensez de la colère. La force des choses se gouverne par $A + B$, et les déplacements du pendule tiennent peu de compte de votre mécontentement.

Ce double accès despotique, despotisme d'assemblée, despotisme de foule, cette bataille inouïe entre le procédé à l'état d'empirisme et le résultat à l'état d'ébauche, cet antagonisme inexprimable du but et du moyen, la Convention et la Commune le représentent avec une grandeur extraordinaire. Elles font visible la philosophie de l'histoire.

La Convention de France et la Commune de Paris sont deux quantités de révolution. Ce sont deux valeurs, ce sont deux chiffres. C'est l'A plus B dont nous parlions tout à l'heure. Des chiffres ne se combattent pas, ils se multiplient. Chimiquement, ce qui lutte se combine. Révolutionnairement aussi.

Ici l'avenir se bifurque et montre ses deux têtes ; il y a plus de civilisation dans la Convention et plus de révolution dans la Commune. Les violences que fait la Commune à la Convention ressemblent aux douleurs utiles de l'enfantement. ·

Un nouveau genre humain, c'est quelque chose. Ne marchandons pas trop qui nous donne ce résultat.

Devant l'histoire, la révolution étant un lever de lumière venu à son heure, la Convention est une forme de la nécessité, la Commune est l'autre ; noires et sublimes formes vivantes debout sur l'horizon, et dans ce vertigineux crépuscule où il y a tant de clarté derrière tant de ténèbres, l'œil hésite entre les silhouettes énormes des deux colosses.

L'un est Léviathan, l'autre est Béhémoth.

IV

Il est certain que la révolution française est un commencement. *Nescio quid majus nascitur Iliade.*

Remarquez ce mot : Naissance. Il correspond

au mot Délivrance. Dire : la mère est délivrée, cela veut dire : l'enfant est né. Dire : la France est libre, cela veut dire : l'âme humaine est majeure.

La vraie naissance, c'est la virilité.

Le 14 juillet 1789, l'heure de l'âge viril a sonné.

Qui a fait le 14 juillet ?

Paris.

La grande geôle d'état parisienne symbolisait l'esclavage universel.

Paris toujours un peu tenu en prison, ç'a été de tout temps l'arrière-pensée des princes. Gêner qui nous gêne est une politique. La Bastille au centre, une muraille à la circonférence, avec cela on peut régner. Murer Paris, ce fut le rêve. Stabilité sous clôture; cette discipline imposée aux moines, on a voulu l'imposer à Paris. De là contre la croissance de cette ville mille précautions, et beaucoup de ceintures bouclées avec des tours. D'abord la circonvallation romaine, à laquelle était adossée, près Saint-Merry, la maison de l'abbé Suger, puis le mur de Louis VII, puis le mur de Philippe-Auguste, puis le mur du roi Jean, puis le mur de Charles V, puis le mur de l'octroi de 1786, puis l'escarpe et contrescarpe d'aujourd'hui. Autour de cette ville, la monarchie a passé son temps à construire des enceintes, et la philosophie à les détruire. Comment? Par la simple irradiation de la pensée. Pas de plus irrésistible puissance. Un rayonnement est plus fort qu'une muraille.

Enfermer la ville est un expédient; l'amoindrir en serait un autre. Ceux à qui Paris fait peur y ont songé. Soutirer la vie à cette cité monstre et prodige, pourquoi pas? On a essayé. On installait volontiers les États-Généraux à Blois; Bourges était déclaré capitale; de temps en temps les rois envoyaient le parlement à Pontoise; Versailles a été un exutoire. De nos jours on a proposé de mettre l'École polytechnique à Orléans; l'École de droit à Rouen; l'École de médecine à Tours, l'Institut ici, la Cour de cassation là, etc. De cette façon, on clivait Paris; cliver un diamant, c'est le couper en petits morceaux. On avait vingt petits Paris au lieu d'un gros. Admirable moyen de convertir trente millions en trente mille francs. Demandez à un lapidaire ce qu'il pense de la décentralisation du Régent.

Le fait fatal, le fait brutal, si vous voulez, a déjoué toutes ces combinaisons.

Sous cette réserve qu'il n'y a jamais rien que d'approximatif dans l'assimilation du fait et de l'idée, l'agrandissement matériel donne, en de certains cas, la mesure de l'agrandissement moral. Paris a d'abord tenu tout entier dans l'île Notre-Dame ; puis il a jeté un pont, comme le petit oiseau qui veut sortir donne un coup de bec dans l'œuf ; puis, sous Philippe-Auguste, il a eu sept cents arpents de surface, et il a émerveillé Guillaume le Breton ; puis, sous Louis XI, il a eu trois quarts de lieue de tour, et il a enthousiasmé Philippe de Comines ; puis, au dix-septième siècle, il a eu quatre cent treize rues, et il a ébloui Felibien. Au dix-huitième siècle, il a fait la révolution, et sonné la grande cloche d'appel, avec six cent soixante mille habitants. Aujourd'hui il en a dix-huit cent mille.

C'est un plus gros bras qui peut secouer une plus grosse corde.

Le tocsin d'aujourd'hui est un tocsin pacifique. C'est la vaste sonnerie joyeuse du travail invitant toutes les nations à l'exposition du chef-d'œuvre de chacune.

V

Quelque chose de nous est toujours penché sur nos enfants, et dans le temps futur il entre une dose du temps actuel. La civilisation traverse des phases quelconques, toujours dominées par la phase précédente. Aujourd'hui, sur tout ce qui est, et sur tout ce qui sera, la révolution française est en surplomb. Pas un fait humain que ce surplomb ne modifie. On se sent pressé d'en haut, et il semble que l'avenir ait hâte et double le pas. L'imminence est une urgence; l'union continentale, en attendant l'union humaine, telle est présentement la grande imminence; menace souriante. Il semble, à voir de toutes parts se constituer les landwehrs, que ce soit le contraire qui se prépare; mais ce contraire s'évanouira. Pour qui observe du sommet de la vraie hauteur, il y a dans la nuée de l'horizon plus de rayons que de tonnerres. Tous les faits suprêmes de notre temps sont pacificateurs. La presse, la vapeur, le télégraphe électrique, l'unité métrique, le libre échange, ne sont pas autre chose que des agitateurs de l'ingrédient Nations dans le grand dissolvant Humanité. Tous les railways qui paraissent aller dans tant de directions différentes, Pétersbourg, Madrid, Naples, Berlin, Vienne, Londres, vont au même lieu, la Paix. Le jour où le premier air-navire s'envolera, la dernière tyrannie rentrera sous terre.

Le mot Fraternité n'a pas été en vain jeté dans les profondeurs, d'abord du haut du Calvaire, ensuite du haut de 89. Ce que Révolution veut, Dieu le veut. L'âme humaine étant majeure, la conscience humaine est lucide. Cette conscience est révoltée par la voie de fait dite guerre. Les guerres offensives en particulier, contenant un aveu naïf de convoitise et de brigandage, sont condamnées par l'unanimité honnête du genre hu-

main. Remettre en marche les armures n'est dé-
cidément plus possible ; les panoplies sont vides,
les vieux géants sont morts. Césarisme, milita-
risme, il y a des musées pour ces antiquités-là.
L'abbé de Saint-Pierre, qui a été le fou, est maintenant le sage. Quant à nous, nous pensons
comme lui ; et nous nous figurons sans trop de
peine que les hommes doivent finir par s'aimer.
Vivre en paix, est-ce donc si absurde? On peut,
ce nous semble, rêver une époque où lorsque
quelqu'un dira : propreté, promptitude, exacti-
tude, bon service, on ne songera pas tout d'a-
bord à un canon se chargeant par la culasse, et
où le fusil à aiguille cessera d'être le modèle de
toutes les vertus.

VI

Insistons-y, un certain empiétement du présent
sur l'avenir est nécessaire. Cette vague figura-
tion de ce qui sera dans ce qui est, Paris l'es-
quisse. C'est pour la faire mieux saillir, et pour
l'éclairer des deux côtés, que, tout à l'heure, en

regard de l'avenir, nous avons placé le passé. Le
fruit est bon à voir, mais maintenant retournez
l'arbre, et montrez sa racine. Cette histoire qu'on
vient de revoir, on peut en refaire et en varier
le raccourci; on n'en modifiera ni le sens ni le
résultat. Changer l'attitude ne change point le
corps.

Qu'on interroge, non les archives de l'Empire,
car le mot *Archives de l'Empire* s'applique seulement aux deux périodes 1804-1814 et 1852-1867,
et hors de là n'a aucun sens, qu'on interroge et
qu'on remue jusqu'au fond les *Archives de France*,
et, de quelque façon que la fouille soit faite,
pourvu que ce soit de bonne foi, la même histoire
incorruptible en sortira.

Cette histoire, qu'on la prenne telle qu'elle est,
qn'on en ait la quantité d'horreur qu'elle mérite,
à la condition qu'on finisse par admirer. Le premier mot est Roi, le dernier mot est Peuple.
L'admiration comme conclusion, c'est là ce qui
caractérise le penseur. Il pèse, examine, com-
pare, sonde, juge; puis, s'il est tourné vers le
relatif, il admire, et, s'il est tourné vers l'ab-

solu, il adore. Pourquoi? parce que dans le relatif il constate le progrès; parce que dans l'absolu il constate l'idéal. En présence du progrès, loi des faits et de l'idéal, loi des intelligences, le philosophe aboutit au respect. Le coup de sifflet final est d'un idiot.

Admirons les peuples chercheurs, et aimons-les. Ils sont pareils aux Empédocles dont il reste une sandale et aux Christophe Colombs dont il reste un monde. Ils s'en vont à leurs risques et périls dans le grand travail de l'ombre. Ils ont souvent aux mains la boue du déblaiement à tâtons. Leur reprocherez-vous les déchirures de leurs habits d'ouvriers? O sombres ingrats que vous êtes!

Dans l'histoire humaine, parfois c'est un homme qui est le chercheur, parfois c'est une nation. Quand c'est une nation, le travail, au lieu de durer des heures, dure des siècles, et il attaque l'obstacle éternel par le coup de pioche continu. Cette sape des profondeurs, c'est le fait vital et permanent de l'humanité. Les chercheurs, hommes et peuples, y descendent, y plongent, s'y enfoncent, parfois y disparaissent. Une lueur les attire. Il y a un engloutissement redoutable au fond duquel on aperçoit cette nudité divine, la Vérité.

Paris n'y a point disparu.

Au contraire.

Il est sorti de 93 avec la langue de feu de l'avenir sur le front.

VII

Depuis les temps historiques, il y a toujours eu sur la terre ce qu'on nomme la Ville. *Urbs* résume *orbis*. Il faut le lieu qui pense.

Il faut l'endroit cérébral, le générateur de l'initiative, l'organe de volonté et de liberté, qui fait les actes quand le genre humain est éveillé, et, quand le genre humain dort, les rêves.

L'univers sans la ville; il y a là comme une idée de décapitation. On ne se figure pas la civilisation acéphale.

Il faut la cité dont tout le monde est citoyen.

Le genre humain a besoin d'un point de repère universel.

Pour nous en tenir à ce qui est élucidé, et sans aller chercher dans les pénombres les cités mystérieuses, Gour en Asie, Palenquè en Amérique, trois villes, visibles dans la pleine clarté de l'histoire, sont d'incontestables appareils de l'esprit humain.

Jérusalem, Athènes, Rome. Les trois villes rhythmiques.

L'idéal se compose de trois rayons : le Vrai, le Beau, le Grand. De chacune de ces trois villes sort un de ces trois rayons. A elles trois, elles font toute la lumière.

Jérusalem dégage le Vrai. C'est là qu'a été dite par le martyr suprême la suprême parole : *Liberté*, *Égalité*, *Fraternité*. Athènes dégage le Beau. Rome dégage le Grand.

Autour de ces trois villes, l'ascension humaine a accompli son évolution. Elles ont fait leur œuvre. Aujourd'hui de Jérusalem il reste un gibet, le Calvaire; d'Athènes, une ruine, le

Parthénon; de Rome, un fantôme, l'empire romain.

Ces villes sont-elles mortes? Non. L'œuf brisé ne représente pas la mort de l'œuf, mais la vie de l'oiseau. Hors de ces enveloppes gisantes, Rome, Athènes, Jérusalem, plane l'idée envolée. Hors de Rome la Puissance, hors d'Athènes l'Art, hors de Jérusalem la Liberté. Le Grand, le Beau, le Vrai.

En outre elles vivent en Paris. Paris est la somme de ces trois cités. Il les amalgame dans son unité. Par un côté il ressuscite Rome, par l'autre, Athènes, par l'autre, Jérusalem. Du cri du Golgotha il a tiré les Droits de l'homme.

Ce logarithme de trois civilisations rédigées en une formule unique, cette pénétration d'Athènes dans Rome et de Jérusalem dans Athènes, cette tératologie sublime du progrès faisant effort vers l'idéal, donne ce monstre et produit ce chef-d'œuvre : Paris.

Dans cette cité-là aussi il y a eu un crucifix. Là, et pendant dix-huit cents ans aussi, — nous

avons compté les gouttes de sang tout à l'heure,
— en présence du grand crucifié, Dieu, qui pour
nous est l'Homme, a saigné l'autre grand crucifié, le Peuple.

Paris, lieu de la révélation révolutionnaire,
est la Jérusalem humaine.

IV

FONCTION DE PARIS

IV

Fonction de Paris

I

La fonction de Paris, c'est la dispersion de
l'idée.

Secouer sur le monde l'inépuisable poignée des
vérités, c'est là son devoir, et il le remplit. Faire
son devoir est un droit.

Paris est un semeur. Où sème-t-il? Dans les ténèbres. Que sème-t-il? Des étincelles. Tout ce qui, dans les intelligences éparses sur cette terre, prend feu çà et là, et pétille, est le fait de Paris. Le magnifique incendie du progrès, c'est Paris qui l'attise. Il y travaille sans relâche. Il y jette ce combustible, les superstitions, les fanatismes, les haines, les sottises, les préjugés. Toute cette nuit fait de la flamme, et grâce à Paris, chauffeur du bûcher sublime, monte et se dilate en clarté. De là le profond éclairage des esprits. Voilà trois siècles surtout que Paris triomphe dans ce lumineux épanouissement de la raison, qu'il envoie de la civilisation aux quatre vents, et qu'il prodigue la libre pensée aux hommes; au seizième siècle par Rabelais, — qu'importe la tonsure! — au dix-septième, par Molière, — qu'importe le travestissement et le masque! — au dix-huitième par Voltaire, — qu'importe l'exil!

Rabelais, Molière et Voltaire, cette trinité de la raison, qu'on nous passe le mot, Rabelais le Père, Molière le Fils, Voltaire l'Esprit, ce triple éclat de rire, gaulois au seizième siècle, humain au dix-septième, cosmopolite au dix-hutième, c'est Paris.

Ajoutez-y Danton, pourtant.

Paris a sur la terre une influence de centre nerveux. S'il tressaille, on frissonne.

Il est responsable et insouciant. Et il complique sa grandeur par son défaut.

Il se contente trop souvent d'avoir de la joie. Joie athénienne aux yeux de l'historien, joie olympienne aux yeux du poète.

Cette joie est souvent une faute. Quelquefois elle est une force.

Elle vient en aide à la raison.

A l'heure qu'il est, et nous ne saurions trop en prendre acte, nous, philosophes, la guerre étant dans la coulisse et prête à rentrer en scène, Paris raille la guerre. La grosse voix militaire le fait rire. Bon commencement. C'est là une gaîté de faubourien, mais Paris est surtout de son faubourg. Le caporalisme ayant cessé d'être une grandeur française, et étant devenu une grandeur tudesque, Paris est à l'aise pour s'en moquer. Cette moquerie est saine. On en verra les suites. Dans *les Miettes de l'Histoire*, vivant et puissant livre, on lit ceci : « Un jour Henri VIII n'aima plus sa femme; de là une religion. » On pourra dire de même : « Un jour Paris n'aima plus le soldat; de là une guérison. »

Le caporalisme, c'est l'absolutisme. C'est Narvaèz. C'est Bismark. Le despotisme est un paradoxe. L'omnipotence militaire et monarchique offense le bon goût.

— Sifflons cela, dit Paris. Et il prend sa clef dans sa poche. La clef de la Bastille.

II

Paris a été trempé dans le bon sens, ce Styx qui ne laisse point passer les ombres. C'est par là que Paris est invulnérable.

Il s'engoue comme toutes les autres foules, puis brusquement, devant les apothéoses, les Tedeums, les cantates, les fanfares, il perd son sérieux.

Et voilà les apothéoses en danger.

Le roi de Prusse est grand. Il a sur sa monnaie une couronne de laurier, sur sa tête aussi. C'est à peu près un César. Il est en passe d'être empereur d'Allemagne. Mais Paris sourira. C'est terrible.

Que faire à cela?

Sans doute, les uniformes du roi de Prusse sont beaux; mais vous ne pouvez pas forcer Paris à admirer la passementerie de l'étranger.

Bien des choses seraient, ou voudraient être; mais le rire de Paris est un obstacle.

Des principes d'autrefois, qui étaient crénelés et armés, légitimité, grâce de Dieu, inviolabilité séculaire, etc., sont tombés devant ce « rictus », comme l'appelle Joseph de Maistre.

La tyrannie est un Jéricho dont ce rire fait crouler les tours.

Les puissances terrestres que la messe noire foudroyait, un refrain de faubourien les exécute. Être excommunié était une forme de la démolition; être chansonné en est une autre.

La gaîté de Paris est efficace, parce que, venant

6

des entrailles du peuple, elle se rattache à des profondeurs tragiques.

C'est à Paris désormais, nous l'avons indiqué plus haut, qu'est l'*urbi et orbi*. Mystérieux déplacement du pouvoir spirituel.

Au balcon du Quirinal succède cette boîte à compartiments qu'on appelle la casse d'imprimerie. De ces alvéoles sortent, ailées, les vingt-cinq lettres de l'alphabet, ces abeilles. Pour n'indiquer qu'un détail, dans une seule année, 1864, la France a exporté pour dix-huit millions deux cent trente mille francs de livres. Les sept huitièmes de ces livres, c'est Paris qui les imprime.

Les clefs de Pierre, l'allusion décourageante à la porte du ciel plutôt fermée qu'ouverte, sont remplacées par le rappel perpétuel du bien qu'ont fait aux peuples les grandes âmes, et si Saint-Pierre de Rome est un plus vaste dôme, le Panthéon est une plus haute pensée. Le Panthéon, plein de grands hommes et de héros utiles, a au-dessus de la ville le rayonnement d'un tombeau étoile.

Ce qui complète et couronne Paris, c’est qu’il est littéraire.

Le foyer de la raison est nécessairement le foyer de l’art. Paris éclaire dans les deux sens; d’un côté la vie réelle, de l’autre la vie idéale. Pourquoi cette ville est-elle éprise du beau? Parce qu’elle est éprise du vrai. Ici apparaît dans son néant la puérile distinction entre le fond et la forme, dont une fausse école de critique a vécu pendant trente ans. Fond et forme, idée et image, sont, dans l’art complet, des identités. La vérité donne la lumière blanche; en traversant ce milieu étrange qu’on nomme le poète, elle reste lumière et devient couleur. Une des puissances du génie, c’est qu’il est prisme. Elle reste réalité et devient imagination. La grande poésie est le spectre solaire de la raison humaine.

III

Paris n’est pas une ville; c’est un gouvernement. « Qui que tu sois, voici ton maître. » Je vous défie de porter un autre chapeau que le chapeau de Paris. Le ruban de cette femme qui passe gouverne. Dans tous les pays, la façon dont ce ruban est noué fait loi. Le boy de Blackfriars copie le gamin de la rue Grenetat. La manola de Madrid a encore aujourd'hui pour idéal la grisette. Caillé, le blanc qui a vu Tombouctou, disait avoir trouvé, dans le Bagamedri, sur la hutte d'un nègre, cette inscription : *A l'instar de Paris*. Paris a ses caprices, ses faux goûts, ses illusions d'optique; un moment il a mis Lafon au-dessus de Talma et Wellington au-dessus de Napoléon. Quand il se trompe, tant pis pour le bon sens universel. La boussole est affolée. Le progrès est quelques instants à tâtons.

L'autorité allant dans un sens, l'opinion allant dans l'autre; un gouvernement obscur sur un peuple lumineux; ce phénomène se voit parfois, même à Paris. Paris le traverse comme on traverse une pluie. Le lendemain il se sèche au soleil.

C'est à Paris qu'est l'enclume des renommées. Paris est le point de départ des succès. Qui n'a pas dansé, chanté, prêché et parlé devant Paris n'a pas dansé, chanté, prêché et parlé. Paris donne la palme et il la chicane. Ce distributeur de popularité a parfois des avarices. Les talents, les esprits, les génies, sont de sa compétence, et il conteste volontiers, et le plus longtemps qu'il peut, les plus grands. Qui a été plus nié que Molière[*]? Et à ce sujet, disons-le en passant, que l'artiste et le poète ne souhaitent pas trop n'être point contestés. Être discuté, c'est traverser l'épreuve. Épuiser de son vivant la contradiction est utile. Le rabais qui n'aura pas été essayé sur vous votre vie durant, vous le subirez plus tard. A la mort les incontestés décroissent et les contestés grandissent. La postérité veut toujours retravailler à une gloire.

[*] Avant qu'un peu de terre obtenu par prière,
  Pour jamais dans la tombe eût enfermé Molière,
  Mille de ses beaux traits, aujourd'hui si vantés,
  Furent des sots esprits à nos yeux rebutés.
  L'ignorance et l'erreur, à ses naissantes pièces,
  En habits de marquis, en robes de comtesses,
  Venaient pour diffamer son chef-d'œuvre nouveau,
  Et secouaient la tête à l'endroit le plus beau.
  Etc.
(BOILEAU.)

Paris, insistons-y, est un gouvernement. Ce gouvernement n'a ni juges, ni gendarmes, ni soldats, ni ambassadeurs; il est l'infiltration, c'est-à-dire la toute-puissance. Il tombe goutte à goutte sur le genre humain, et le creuse. En dehors de qui a la qualité officielle d'autorité, au-dessus, au-dessous, plus bas, plus haut, Paris existe, et sa façon d'exister règne. Ses livres, ses journaux, son théâtre, son industrie, son art, sa science, sa philosophie, ses routines qui font partie de sa science, ses modes qui font partie de sa philosophie, son bon et son mauvais, son bien et son mal, tout cela agite les nations et les mène. Vous empêcherez plus aisément l'invasion des sauterelles que l'invasion des modes, des mœurs, des élégances, des ironies, des enthousiasmes. Cela entre partout, et opère irrésistiblement. Toutes ces choses, qui sont Paris, sont autant de rongeurs invisibles. Dans toutes les constructions sociales et politiques actuellement solides et satisfaisantes au regard, Paris, à l'état latent, pullule, sape et mine, ménageant les surfaces qui restent intactes. Ce fourmillement des idées parisiennes,

dry-rot effrayant, évide l'intérieur des pouvoirs
patents, met dedans l'inconnu, et les laisse debout jusqu'au jour de la chute en poussière. Même
dans les pays hiérarchiques, tels que la Grande-
Bretagne, ou despotisques, tels que la Russie, ce
travail de Paris se fait. La réforme, en Angleterre, résulte de notre suffrage universel. Et c'est
bien. Le présent, si robuste qu'il semble et si
hautain qu'il soit, est attaqué de cette maladie
incurable, l'avenir. Tous les matins, l'humanité
en s'éveillant regarde le coin de son mur. Paris
y affiche son spectacle jusqu'à ce qu'il y affiche
sa révolution. Que donne-t-on aujourd'hui? Scribe.
Et demain? Lafayette.

Quand il est mécontent, Paris se masque. De
quel masque? d'un masque de bal. Aux heures
où d'autres prendraient le deuil, il déconcerte
étrangement l'observateur. En fait de suaire, il
met un domino. Chansons, grelots, mascarades,
tous les airs penchés de l'abâtardissement, pyr
rhiques excessives, musiques bizarres, la déca
dence jouée à s'y méprendre, des fleurs partout.
Transformation gaie. Y réfléchir.

IV

Un défunt procureur-général, fort peu malveil-
lant pour le pouvoir, s'est fâché tout rouge contre
Paris. Son mécontentement contre les Parisiens
produisit des catilinaires contre les Parisiennes.
Ce magistrat, qui était, à ce qu'il paraît, de l'Académie, a prolongé ses réquisitoires jusque sur les
toilettes des femmes. La mort l'a surpris préma-
turément, car probablement le célèbre accusateur
officiel, en sortant de sa colère contre le trop
d'ampleur des jupes, eût passé à la seconde question, le trop de largeur des consciences; et, après
s'être énergiquement indigné de beaucoup de bijoux sur une femme, il nous eût dit l'effet que
faisaient beaucoup de serments sur un homme.

On est Caton, ou on ne l'est pas.

Il existe d'autres vieillards, éloignés de Paris
pour des motifs quelconques depuis quinze ou seize
ans, qui vivent solitaires, qui ne voient jamais
d'autres toilettes que celle de l'aurore sortant de
la mer, et qui sont plus indulgents. Ils aiment

ces villes où le soudain est toujours caché. D'ailleurs, dans les villes où il y a de la femme, il y a du héros. Les excès de parure ont au fond la même source que les excès de bravoure. Prenez garde, cette langueur n'est peut-être que l'attente d'une occasion. On a vu les efféminés se redresser virils. Une ville était plus vaillante que Sparte; c'était Sybaris. Supposez, par exemple, le territoire à défendre, un roulement de tambour à la frontière, et vous verrez. Quelle plus folle journée que le dix-huitième siècle? Le soir arrivé, c'est la Convention, c'est la Patrie en Danger, c'est le premier venu immense, c'est Rouget de Lisle trouvant le chant dont Barra trouve l'action, c'est la France des Quatorze armées. Sur ce, comptez les défauts, et requérez contre Paris. Montrez-lui le poing. Pourquoi pas? Boerhaave, étudiant les fièvres cérébrales, s'écriait : *Que de mal on peut dire du soleil!*

En quatre mots, et tout net, Paris ne recule pas.

Pourtant il a ses inconséquences, parfois coupables. Ainsi, il s'est ému pour la Pologne et ne s'émeut pas pour l'Irlande ; il s'est ému pour l'Italie et ne s'émeut pas pour la Roumanie, qui est Italie ; il s'est ému pour la Grèce et ne s'émeut pas pour la Crète, qui est Grèce. Il y a quarante ans, Psara l'a soulevé ; aujourd'hui Arcadion le laisse froid. Même héroïsme pourtant, même cause, même droit ; mais autre moment. Hélas ! Paris aussi à ses sommeils. *Quandoque bonus dormitat.* Quelquefois, cette immensité a pour occupation le néant.

Il faut l'aimer, il faut la vouloir, il faut la subir, cette ville frivole, légère, chantante, dansante, fardée, fleurie, redoutable, qui, nous l'avons dit, à qui la prend donne la puissance, que Maximilien, aïeul de Charles-Quint, aurait payée de tout son empire, que les Girondins auraient achetée de leur sang, et que Henri IV eut pour une messe. Ses lendemains sont toujours bons. La folie de Paris, cuvée, est sagesse.

V

Mais, dira-t-on, le Paris immédiatement actuel,

le Paris de ces quinze dernières années, ce tapage nocturne, ce Paris de mascarade et de bacchanale, auquel on applique particulièrement le mot décadence, qu'en pensez-vous ? Ce que nous en pensons ? nous n'y croyons pas. Ce Paris-là existe-t-il ? S'il existe, il est au vrai Paris du passé et de l'avenir ce qu'est une feuille à un arbre. Moins encore. Ce qu'est une excroissance à un organisme. Jugerez-vous le chêne sur le gui ? Jugerez-vous Cicéron sur le pois chiche ?

Un peu d'ombre flottante ne compte pas dans un immense lever d'aurore. Nous nions la décadence, nous ne nions pas la réaction. Une réaction ressemble à une décadence ; faites la différence pourtant : la décadence est incurable, la réaction n'est que momentanée. Qu'en cet instant où nous sommes la réaction sévisse, nous n'en disconvenons point. Nous constatons volontiers une réaction actuelle, aussi violente, et par conséquent aussi faible qu'on voudra, et sur tous les points, et qui se manifeste à peu près partout, contre l'ensemble du fait révolutionnaire et démocratique, contre tout le mouvement d'esprits dérivé de 89, contre toutes les idées qui ont la vie et l'avenir. Cette réaction, si vaillamment dénoncée par l'éloquence fière et forte d'Eugène Pelletan, par l'étincelante gaîté philosophique de Pierre Véron, par l'ironie pénétrante et profonde de Henri Rochefort, par Michelet, par Auguste Villemot, par Louis Ulbach, et par la généreuse indignation de presque tous les écrivains démocratiques, essaie de remonter tous les courants de la révolution, le courant littéraire comme le courant politique, le courant philosophique comme le courant social, le courant des idées comme le courant des faits, et prend le progrès à rebours et le siècle à contre-sens. Nous en sommes peu inquiets. Cet oïdium des intelligences est superficiel ; le fond de la pensée publique n'est point touché ; quel que soit l'effort rétrograde, la tendance de l'époque n'en sera en rien altérée. C'est la minute qui est malade, non le siècle.

Cela voudrait être un retour au passé, passé politique absolutiste, passé littéraire monarchique, restauration du droit divin comme principe et du goût classique comme dogme. Peine perdue. Ce contre-courant produit par un barrage disparaîtra avec le barrage. Cette réaction, dont sourient les penseurs, durera ce que durent les réactions, le temps que le reflux arrive. Or le reflux des principes est aussi éternel, aussi absolu et aussi certain que le reflux des océans. Donc passons. De Bas-Empire point.

Le fond du siècle est grand et honnête. Disons-le, après la révolution française, aucune gangrène de peuple n'est possible. Grâce à la France pénétrante, grâce à notre idéal social infiltré à cette heure dans toutes les intelligences humaines, d'un pôle à l'autre, grâce à ce vaccin sublime, l'Amérique se guérit de l'esclavage, la Russie du servage, Rome du fanatisme, les croyances de l'absurdité, les codes de la barbarie. De chaque chose le virus ôté, voilà la révolution vue par un de ses plus grands côtés. Regardez. Constatez, sinon le fait régnant, du moins la tendance souveraine. C'est l'éducation sans la compression, l'enseignement sans le pédantisme, l'ordre sans le despotisme, la correction sans la vindicte, le moi sans l'égoisme, la concurrence sans le combat, la liberté sans l'isolement, l'homme sans la bête, la vérité sans la glose, Dieu sans Bible. Qu'est-ce que la Révolution française? Un vaste assainissement. Il y avait une peste, le passé. Cette fournaise a brûlé ce miasme.

VI

Mais parler de Paris, l'injurier, le railler, le dédaigner, cela est sans inconvénient. Prendre avec les colosses un air de mépris, rien n'est plus facile. C'est presque enfantin. Il y a là-dessus des rédactions toute faites. Défiez-vous des ritournelles, c'est comme en pédagogie la comparaison des poètes vivants à Claudien, à Lucain et à Stace. Cela date de loin. Cecchi déclare que Dante n'est qu'un Stace; pour Scudéry, Corneille n'est qu'un Claudien; Pour Greene, Shakespare n'est qu'un Lucain et un Gongora. Voilà Dante, Corneille et Shakespeare bien malades. Ces procédés de critique, qui ont pris place dans les cahiers d'expressions des rhétoriciens, sont vieux; mais

qu'importe! ils servent encore aujourd'hui. De
même Paris n'est qu'une Gomorrhe. *Sodome* est
la variante de Joseph de Maistre.

Paris étant haï, c'est un devoir de l'aimer.
Pourquoi le hait-on? parce qu'il est foyer, vie,
travail, incubation, transformation, creuset, renaissance. Parce que de toutes ces choses ré-
gnantes aujourd'hui, superstition, stagnation,
scepticisme, obscurité, recul, hypocrisie, men-
songe, Paris est le contraire magnifique. A une
époque où les syllabus décrètent l'immobilité, il
fallait rendre un service au genre humain,
prouver le mouvement. Paris le prouve. Comment?
en étant Paris.

Être Paris, c'est marcher.

A cette heure de réaction contre toutes les
tendances du progrès, dénoncé de tous côtés, de
par l'encyclique, de par le droit divin, de par le
« bon goût, » de par le *magister dixit*, de par
l'ornière, de par la tradition, etc., en cette insur-
rection flagrante de tout le passé, passé fanatique, passé scolatique, passé autoritaire, contre
ce puissant dix-neuvième siècle, fils de la révolu-

tion et père de la liberté, il est utile, il est nécessaire, il est juste de rendre témoignage à
Paris. Attester Paris, c'est affirmer, en dépit de
toutes les apparentes évidences acceptées du vul-
gaire, la continuation de la vaste évolution humaine vers la libération universelle. Au moment
où nous sommes, la coalition nocturne des vieux
régimes triomphe, et croit Paris en détresse, à
peu près comme les sauvages croient le soleil en
danger pendant l'éclipse.

Cette affirmation de Paris, ce livre la fait.

Cette affirmation, elle est dans les pages qu'on
lit en ce moment. Affirmation de la démocratie,
affirmation de la paix, affirmation du siècle.
Pourtant, indiquons ce qui est en notre pensée
le côté réservé. Une affirmation n'existe qu'à la
condition d'être en même temps une négation.
Donc ces pages nient quelque chose.

C'est un Oui qui dit Non.

Du reste, en écrivant ces quelques feuilles, nous
n'engageons pas plus le livre * que nous ne

* Le livre *Paris-Guide.*

sommes engagés par lui. Si quelqu'un dans ce
livre est peu de chose, c'est nous. Un édifice bâti
par une éblouissante légion d'esprits, voilà ce
que c'est que ce livre. Si à tous les noms dont il
offre la pléïade, il réunissait les autres noms lumineux qui, pour des raisons diverses, lui man-
quent, ce livre, ce serait Paris même. Quant à
nous, ainsi que cela convient, nous sommes sur
le seuil, presque dehors. Absent de la ville, absent du livre. Il existe au delà de nous, et nous
sommes en deçà. Isolement humble et sévère que
nous acceptons.

7

V

DÉCLARATION DE PAIX

V

Déclaration de paix

Que l'Europe soit la bienvenue.

Qu'elle entre chez elle, qu'elle prenne posses-
sion de ce Paris qui lui appartient, et auquel elle
appartient. Quelle ait ses aises et qu'elle respire
à pleins poumons dans cette ville de tous et pour

tous, qui a le privilége de faire des actes européens ! c'est d'ici que sont parties toutes les hautes
impulsions de l'esprit du dix-neuvième siècle ;
c'est ici que s'est tenu, magnifique spectacle con-
temporain, pendant trente-six ans de liberté, le
concile des intelligences ; c'est ici qu'ont été po-
sées, débattues et résolues dans le sens de la délivrance, toutes les grandes questions de cette
époque : droit de l'individu, base et point de
départ du droit social, droit du travail, droit de
la femme, droit de l'enfant, abolition de l'ignorance, abolition de la misère, abolition du glaive
sous toutes ses formes, inviolabilité de la vie humaine.

Comme les glaciers, qui ont on ne sait quelle
chasteté grandiose, et qui, d'un mouvement in-
sensible, mais irrésistible et continu, rejettent
sur leur morène les blocs erratiques, Paris a mis
dehors toutes les immondices, la voirie, les abat-
toirs, la peine de mort. Cette pénalité, inquiétude
de la conscience publique qui sent là un empiétement sur l'inconnu, Paris l'a supprimée autant
qu'il était en lui. Il a compris que l'échafaud

chassé, c'était, dans un temps donné, l'échafaud détruit, et il a mis la guillotine à la porte. De cette façon, il a été aussi peu complice que possible du suicide qui a eu lieu dernièrement par le moyen du bourreau, la société obéissant à la réquisition d'un enfant monstre *. En dépit de la fiction de l'enceinte fortifiée, la Roquette, c'est dehors. On pend dans Londres, on ne pourrait guillotiner dans Paris. De même qu'il n'y a plus de Bastille, il n'y a plus de place de Grève. Si l'on essayait de redresser la guillotine devant l'Hôtel de Ville, les pavés se soulèveraient. Tuer dans ce milieu humain n'est plus possible. Présage décisif et certain. Le pas qui reste à faire est celui-ci : mettre hors la loi ce qui est hors la ville. Il se fera. La sagesse du législateur est de suivre le philosophe, et ce qui a son commencement dans les esprits a inévitablement la fin dans le code. Les lois sont le prolongement des mœurs. Enregistrons les faits à mesure qu'ils se présentent. Dès à présent, quand la peine de mort opère

* Lemaire.

sur une place publique de France, défense est
faite à l'armée de regarder l'échafaud; les hommes de garde ne doivent point faire face au supplice, et les soldats ont ordre de tourner le dos à
la loi. C'est là, à vrai dire, une exécution de la
guillotine. Il faut louer l'autorité publique quelconque qui l'a voulue.

Au fond cette autorité, c'est Paris.

Paris est un flambeau allumé. Un flambeau
allumé·à une volonté.

Paris après 89, la révolution politique, a fait
1830, la révolution littéraire; remise en équilibre des deux régions, la région de l'idée appliquée et la région de l'idée pure; installation dans
l'intelligence de la démocratie installée dans
l'état; suppression des routines ici comme des
abus là; transformation du goût français en goût
européen; remplacement d'un art ayant pour
souverain le public par un art ayant pour élève
le peuple. Ce peuple, celui de Paris, est déjà pensif et profond. Prenez ce petit être qu'on appelle
le gamin de Paris; en révolution que fait-il? il
respecte le chemin de fer et démolit l'octroi; et

l'instinct de cet enfant éclaire toute l'économie politique. C'est à Paris que la question des banques s'élabore, et que se centralise ce vaste et fécond mouvement coopératif qui, donnant raison aux prévisions du grand socialiste de 1848, Louis Blanc, amalgame le capitaliste à l'ouvrier, associe les industries sans gêner la liberté, proportionne le résultat à l'effort, et résout l'un par l'autre les deux problèmes du bien-être et du travail. Les préjugés et les erreurs sont des torsions qui exigent un redressement ; l'appareil orthopédique, ébauché par Ramus, agrandi par Rabelais, retouché par Montaigne, rectifié par Montesquieu, perfectionné par Voltaire, complété par Diderot, achevé par la Constitution de l'an II, est à Paris. Paris tient école. École de civilisation, école de croissance, école de raison et de justice. Que les peuples viennent se tremper l'âme dans ce tourbillon de vie ! que les nations viennent vénérer cet Hôtel de Ville d'où est sorti le suffrage universel, cet Institut, avant peu régénéré, d'où sortira l'enseignement gratuit et obligatoire, ce Louvre d'où sortira l'égalité, ce Champ-de-Mars d'où sortira la fraternité. Ailleurs on forge des armées ; Paris est une forge d'idées.

Bonne espérance à l'avenir ! Paris est la ville de la puissance par la concorde, de la conquête par le désintéressement, de la domination par l'ascension, de la victoire par l'adoucissement, de la justice par la pitié et de l'éblouissement par la science. De l'Observatoire la philosophie voit une plus grande quantité de Dieu que la religion n'en voit de Notre-Dame. Dans cette cité prédestinée, le contour vague, mais absolu, du progrès est partout reconnaissable ; Paris, chef-lieu d'Europe, est déjà hors de l'ébauche, et, dans toutes les révolutions qui dégagent lentement sa forme définitive, on distingue la pression de l'idéal comme on voit sur le bloc de glaise à demi-pétri le pouce de Michel-Ange.

Le merveilleux phénomène d'une capitale déjà existante représentant une fédération qui n'existe pas encore, et d'une ville ayant l'envergure latente d'un continent, Paris nous l'offre. De là l'intérêt pathétique qui se mêle au puissant spectacle de cette cité âme.

Les villes sont des bibles de pierre. Celle-ci n'a pas un dôme, pas un toit, pas un pavé, qui n'ait quelque chose à dire dans le sens de l'alliance et de l'union, et qui ne donne une leçon, un exemple ou un conseil. Que les peuples viennent dans ce prodigieux alphabet de monuments, de tombeaux et de trophées épeler la paix et désapprendre la haine. Qu'ils aient confiance. Paris a fait ses preuves. De Lutèce devenir Paris, quel plus magnifique symbole ! Avoir été la boue et devenir l'esprit !

II

L'année 1866 a été le choc des peuples, l'année 1867 sera leur rendez-vous.

Les rendez-vous sont des révélations. Là où il y a rencontre, il y a entente, attraction, frottement, contact fécond et utile, éveil des initiatives, intersection des convergences, rappel des déviations au but, fusion des contraires dans l'unité ; telle est l'excellence des rendez-vous. Il en sort un éclaircissement. Un carrefour de sentiers avec

son poteau indicateur débrouille une forêt, un
confluent de rivières conseille la colonisation,
une conjonction de planètes éclaire l'astronomie.
Qu'est-ce qu'une exposition universelle? C'est le
monde voisinant. On va causer un peu ensemble.
On vient comparer les idéals. Confrontation de
produits en apparence, confrontation d'utopies en
réalité. Tout produit a commencé par être une
chimère. Voyez-vous ce grain de blé; il a été
pour les mangeurs de glands, une absurdité.

Chaque peuple a son patron de l'avenir qui est
une extravagance; l'amalgame et la superposition
de toutes ces extravagances diverses compose,
pour l'œil fixe du penseur, la confuse et lointaine
figure du réel. Ces réverbérations viennent des
profondeurs. Ainsi les fantômes ébauchent l'être;
ainsi les idolâtries esquissent Dieu.

Celui qui rêve est le préparateur de celui qui
pense. Le réalisable est un bloc qu'il faut dé-
grossir, et dont les rêveurs commencent le mo-
delé. Ce travail initial semble toujours insensé.
La première phase du possible, c'est d'être l'impossible. Quelle quantité de folie y a-t-il dans le

fait? Épaississez tous les songes, vous avez la réalité. Concentration auguste de l'utopie, semblable à la concentration cosmique, qui de fluide devient liquide, et de liquide solide. A un certain moment l'utopie est maniable; c'est là que le philosophe la quitte et que l'homme d'État la prend; l'homme d'État n'étant que le deuxième ouvrier. Il n'est rien qui ne débute par l'état visionnaire. Prenez le fait le plus algébriquement positif, et remontez-le de siècle en siècle, vous arriverez à un prophète. Quel songe-creux que Denis Papin! S'imagine-t-on une marmite transfigurant l'univers? Comme l'Académie des sciences leur dit leur fait de temps en temps à tous ces inventeurs! Ils ont toujours tort aujourd'hui et raison demain. Or le demain d'une foule de chimères est arrivé; c'est de cela que ce compose aujourd'hui la richesse publique et la prospérité universelle. Ce qui vous eût fait mettre à Charenton au siècle dernier a, en 1867, la place d'honneur au palais de l'Exposition internationale. Toutes les utopies d'hier sont toutes les industries de maintenant. Allez voir. Photographie,

télégraphie, appareil Morse, qui est l'hiérogly-
phe, appareil Hughes, qui est l'alphabet ordi-
naire, appareil Caselli, qui envoie en quelques mi-
nutes votre propre écriture à deux mille lieues de
distance, fil transatlantique, sonde artésienne
qu'on appliquera au feu après l'avoir appliquée
à l'eau, machines à percement, locomotive voiture, locomotive charrue, locomotive navire, et
l'hélice dans l'océan en attendant l'hélice dans
l'atmosphère. Qu'est-ce que tout cela? Du rêve
condensé en fait. De l'inaccessible à l'état de
chemin battu. Continuez donc, vous, pédants, à
nier, vous, voyants, à marcher.

Une rencontre des nations comme celle de 1867,
c'est la grande convention pacifique. Elle a cela
d'admirable qu'elle accable comme l'évidence,
qu'elle supprime subitement partout l'obstacle, et
qu'elle remet en mouvement dans tous ses engre-
nages plus ou moins entravés le divin mécanisme
de la civilisation. Une exposition universelle, à Paris, et en 1867, c'est une brusque rupture partout
à la fois et un splendide vol en éclats de tous les
bâtons dans les roues. Nous disons *tous*, et nous

ne nous opposons à aucun des rêves que contient
ce monosyllabe immense. Un grand espoir de
clarté prochaine, c’est là toute notre vie. Allons,
allons, incendiez-vous dans le progrès. Une che-
velure de flamme sur votre tas de charbon noir.
Peuples, vivez.

III

Il manquera à ce palais de l’Exposition ce qui
lui eût donné une signification suprême, aux
quatre angles, quatre statues colossales, figurant
quatre incarnations de l’idéal : Homère représentant la Grèce, Dante représentant l’Italie,
Shakespeare représentant l’Angleterre, Beetho-
ven représentant l’Allemagne, et devant la porte,
tendant la main à tous les hommes, un cinquième
colosse, Voltaire, représentant, non le génie français, mais l’esprit universel.

Quant à l’Exposition de 1867, en elle-même,
considérée comme réalisation. nous n’avons point
à en juger. Elle est ce qu’elle est, nous la croyons
magnifique, mais l’idée nous suffit. Ce qu’est

l'idée, et quel chemin elle a fait, un chiffre le dira. En 1800, à la première Exposition internationale, il y avait deux cents exposants; en 1867, il y en a quarante-deux mille deux cent dix-sept.

Une certaine mise à point de la civilisation résulte d'une exposition universelle. C'est une sorte d'homologation. Chaque peuple remet son dossier. Où en est-on? Le genre humain vient là faire sa propre connaissance. L'Exposition est un *nosce te ipsum*.

Paris s'ouvre. Les peuples accourent à cette aimantation énorme. Les continents se précipitent, Amérique, Afrique, Asie, Océanie, les voilà tous, et la Sublime Porte, et le Céleste Empire, ces métaphores qui sont des royaumes, ces gloires qui sont de la barbarie. Vous plaire, ô Athéniens! c'était l'ancien cri; vous plaire, ô Parisiens! c'est le cri actuel. Chacun arrive avec l'échantillon de son effort. Cette Chine elle-même, qui se croyait le milieu, commence à en douter, et sort de chez elle. Elle va juxtaposer son imagination à la nôtre, les cas tératologiques de la statuaire à notre recherche de l'idéal, et à notre sculpture de marbre et de bronze la sculpture torturée et magnifique du jade et de l'ivoire, art profond et tragique où l'on sent le bourreau. Le Japon vient avec sa porcelaine, le Népaul vient avec son cachemire, et le Caraïbe apporte son casse-tête. Pourquoi pas? Vous étalez bien vos canons monstres.

Ici une parenthèse. La mort est admise à l'Exposition. Elle entre sous la forme canon, mais n'entre pas sous la forme guillotine. C'est une délicatesse.

Un très-bel échafaud a été offert, et refusé.

Enregistrons ces bizarreries de la décence. La pudeur ne se discute pas.

Quoi qu'il en soit, casse-têtes et canons auront tort. Les machines de meurtre ne sont ici que pour faire ombre. Elles ont honte, on le voit. L'Exposition, apothéose pour tous les autres outils de l'homme, est pour elles pilori. Passons. Voici toute la vie sous toutes les formes, et chaque nation offre la sienne. Des millions de mains qui se serrent dans la grande main de la France, c'est là l'Exposition.

Comme les conquérants ont vieilli? où est
aujourd'hui le blocus continental?

Appuyons sur ces phénomènes démocratiques
d'une signification si haute. Les portes ne sont
jamais ouvertes trop grandes dans la démons-
tration du progrès. Le trop n'est pas à craindre
lorsqu'on énumère les évidences rassurantes à
l'extrémité desquelles est la concorde. L'unité
se forme ; donc l'union. L'homme Un, c'est
l'homme Frère, c'est l'homme Égal, c'est l'homme
Libre.

Le fait des peuples se produit en dehors du
fait des gouvernements.

Symptôme décisif. Ce qui vient à ce rendez-
vous de l'Exposition universelle, ce n'est pas
seulement l'Europe, redisons-le, ce n'est pas
seulement le groupe civilisé, ce n'est pas seulement l'Angleterre avec sa pyramide dorée de
soixante pieds de haut figurant le rendement
d'or de l'Australie, la Prusse avec son temple
de la Paix et sa grotte de sel gemme, la Russie
avec sa vieille orfévrerie byzantine, la Crimée
avec ses laines, la Finlande avec ses lins, la

Suède avec ses fers, la Norwége avec ses four-
rures, la Belgique avec ses dentelles, le Canada
avec ses bois de luxe, New-York avec son
anthracite dont un seul bloc pèse huit mille
livres, le Brésil avec les bijoux entomologiques
et ornithologiques que lui fait son soleil; ce qui
arrive, ce qui accourt, ce qui s'empresse, c'est
le vieux Thibet fanatique, c'est le Kolkar, le
Travancore, le Bhopal, le Drangudra, le Punwah,
le Chatturpore, l'Attipor, le Gundul, le Ristlom;
c'est le jam de Norvanaghur, c'est le nizam
d'Hyderabad, c'est le kao de Rusk, c'est le tha-
kore de Morwée; c'est toute cette famille de
nations embryonnaires sur lesquelles pèsent les
hautesses asiatiques, les maharadjahs, les jageer-
dars, les bégums. Jusqu'à un baril de poudre
d'or, qui est envoyé par cet informe roi nègre
de Bonny, habitant d'un palais bâti d'ossements
humains. Disons-le en passant, ce détail a fait
horreur. C'est avec des pierres que notre Louvre
à nous est bâti. Soit.

L'Égypte n'a que sa momie; elle l'exhume. Ce
cimetière étale tous ses chefs-d'œuvre, ses sar-

cophages de porphyre, ses cercueils de granit
rose, ses gaînes à cadavre peintes et dorées,
d'autant plus ornées qu'elles doivent être plus
enfouies. La contemporaine du zodiaque de Den-
derah, la vache Hothor, descend de son socle
de basalte, et vient. Rhamsès, Chephrem, Ateta,
la reine Ammenisis, débarquent par le chemin
de fer; l'antique statue de bois que les Arabes
appellent Cheick-el-Beled, et qui est un Dieu
inconnu, arrive, apportant, au nom d'Isis, la
mère commune, à la vieille Lutèce le salut de
la vieille Thèbes. Comment t'appelles-tu, Lutèce?
Je m'appelle Paris. Et toi, comment t'appelles-
tu, Thèbes? Je m'appele Dehr-el-Bahari. Consta-
tation poignante; les deux villes de même race
ont, chacune de leur côté, perdu figure, l'une
dans la civilisation, l'autre dans la barbarie.
Différence entre ce qui a avancé et ce qui a
reculé.

IV

Donc, ce qui vient, c'est tous les peuples.
Non, il n'est plus temps de s'en dédire. L'Ex-

position internationale ne se rétracte pas. Les rois ont beau s'organiser militairement, donnons-leur la joie de le leur répéter à satiété, ce qui est l'avenir, ce n'est pas la haine, c'est l'entente; ce n'est pas le roulement des bombardes, c'est la course des locomotives. L'apaisement de l'univers est fatal. Rien n'y peut. Pour tout ce qui est plumet, dragonne, cymbale, quincaillerie meurtrière, gloriole sanglante, il y a refroidissement.

Le rapetissement de la terre par le chemin de fer et le fil électrique la met de plus en plus dans la main de la paix. Qu'on résiste tant qu'on voudra; les temps sont arrivés. L'ancien régime lutte en pure perte. Le passé est très-ingénieux pour un mort; il se donne beaucoup de peine, il fait des trouvailles, il invente chaque jour un nouvel engin très-curieux et très-homicide. On lui donnera la croix d'honneur, mais il n'aura pas d'autre réussite. Les hommes commencent à voir moins trouble; l'envie de s'entretuer leur passe. Rien ne prévaut contre un tel courant d'idées. Les déclivités de la civilisation versent le genre humain dans un tel ou tel sens, et cette fois, et pour jamais, l'univers penche du bon côté. Il y aura peut-être encore une ou deux péripéties, mais finales. L'immense vent de l'avenir souffle la paix. Que faire contre l'ouragan de fraternité et de joie? Alliance! alliance! crie l'infini. Et sous cette haleine de l'invisible, l'amour pousse hors de terre comme l'herbe. Insurgez-vous donc contre ce verdissement du printemps universel. Défaites donc la révolution. Défaites donc, non-seulement le vingtième siècle devant vous, mais le dix-huitième derrière vous. Rêves! rêves! rêves! Les énormes boulets d'acier, du prix de mille francs chaque, que lancent les canons titans fabriqués en Prusse par le gigantesque marteau de Krupp, lequel pèse cent mille livres et coûte trois millions, sont juste aussi efficaces contre le progrès que les bulles de savon soufflées au bout d'un chalumeau de paille par la bouche d'un petit enfant.

V

Pourquoi voulez-vous nous faire croire aux revenants? Vous imaginez-vous que nous ne savons pas que la guerre est morte? Elle est morte le jour où Jésus a dit : *Aimez-vous les uns les autres!* et elle n'a plus vécu sur la terre que d'une vie de spectre. Pourtant, après le départ de Jésus, la nuit a encore duré près de deux mille ans, la nuit est respirable aux fantômes, et la guerre a pu rôder dans ces ténèbres. Mais le dix-huitième siècle est venu, avec Voltaire qui est l'étoile du matin, et la Révolution qui est l'aube, et maintenant il fait grand jour. La guerre habite un sépulcre. Les larves ne sortent pas des sépulcres à midi. Qu'elle reste dans son tombeau et qu'elle nous laisse dans notre lumière.

Cache tes drapeaux, guerre. Sinon, toi misère, montre tes haillons. Et confrontons les déchirures. Celles-ci s'appellent Gloire; celles-là s'appellent famine, prostitution, ruine, peste. Ceci produit cela. Assez.

Est-ce vous qui attaquez, Allemands? Est-ce nous? A qui en veut-on? Allemands, *All men*, vous êtes Tous-les-Hommes. Nous vous aimons. Nous sommes vos concitoyens dans la cité Philosophie, et vous êtes nos compatriotes dans la patrie Liberté. Nous sommes, nous Européens de Paris, la même famille que vous, Européens de Berlin et de Vienne. France veut dire affranchissement. Germanie veut dire Fraternité. Se représente-t-on le premier mot de la formule démocratique faisant la guerre au dernier?

Les masses sont les forces; depuis 89, elles sont aussi les volontés. De là le suffrage universel. Qu'est-ce que la guerre? C'est le suicide des masses. Mettez donc ce suicide aux voix! Le peuple, complice de son propre assassinat, c'est le spectacle qu'offre la guerre. Rien de plus lamentable. On voit là à nu tout ce hideux mécanisme des forces détournées de leur but et employées contre elles-mêmes. On voit les deux bouts de la guerre; nous en avons montré un tout

à l'heure, qui est le résultat : la misère. Maintenant montrons l'autre, qui est la cause : l'ignorance. Oh! ce sont là, en effet, les deux tragiques
maladies. Qui les guérira augmentera la lumière
du soleil.

Le propre de l'ignorance, c'est de subir. Les
forces s'ignorent. Avez-vous remarqué le grand
œil doux du bœuf? Cet œil est aveugle. Il faut
qu'il reste doux, mais qu'il devienne intelligent.
La force doit se connaître. Sans quoi elle est terrible. Elle aboutit à commettre des crimes, elle
qui doit les empêcher. Que tout soit actif, que
rien ne soit passif, le secret de la civilisation est
là. Forces passives, quel mot inepte! De là des
meurtres. Un cadavre étendu qui regarde le ciel
accuse évidemment. Qui? Vous, moi, nous tous,
non-seulement ceux qui ont fait, mais ceux qui
ont laissé faire.

Que les spectres s'en aillent! Que les méduses
se dissipent! Non, même pendant le canon d'une
bataille, nous ne croyons pas à la guerre. Cette
fumée est de la fumée. Nous ne croyons qu'à la
concorde humaine, seul point d'intersection pos

sible des directions diverses de l'esprit humain, seul centre de ce réseau de voies qu'on appelle la civilisation. Nous ne croyons qu'à la vie, à la justice, à la délivrance, au lait des mamelles, aux berceaux des enfants, au sourire du père, au ciel étoilé. De ceux mêmes qui gisent froids et saignants sur le champ de bataille se dégage, à l'état de remords pour les rois, à l'état de reproche pour les peuples, le principe fraternité; le viol d'une idée la consacre; et savez-vous ce que recommandent aux vivants les morts, ces paisibles sombres? La paix.

VI

Bas les armes! Alliance. Amalgame. Unité!

Tous ces peuples que nous énumérions tout à l'heure, que viennent-ils faire à Paris? Ils viennent être France. La transfusion du sang est possible dans les veines de l'homme, et la transfusion de la lumière dans les veines des nations. Ils viennent s'incorporer à la civilisation. Ils viennent comprendre. Les sauvages ont la même soif,

les barbares ont le même amour. Ces yeux satu-
rés de nuit viennent regarder la vérité. Le lever
lointain du Droit Humain a blanchi leur sombre
horizon. La Révolution française a jeté une traînée
de flamme jusqu'à eux. Les plus reculés, les plus
obscurs, les plus mal situés sur le ténébreux plan
incliné de la barbarie, ont aperçu le reflet et en-
tendu l'écho. Ils savent qu'il y a une ville soleil;
ils savent qu'il existe un peuple de réconcilia-
tion, une maison de démocratie, une nation ouverte, qui appelle chez elle quiconque est frère ou
veut l'être, et, qui donne pour conclusion à toutes
les guerres le désarmement. De leur côté, invasion; du côté de la France, expansion. Ces peuples ont eu le vague ébranlement des profonds
tremblements de la terre de France. Ils ont, de
proche en proche, reçu le contre-coup de nos lut-
tes, de nos secousses, de nos livres. Il sont en
communion mystérieuse avec la conscience française. Lisent-ils Montaigne, Pascal, Molière, Diderot? Non. Mais ils les respirent. Phénomène
magnifique, cordial et formidable, que cette vo-
latilisation d'un peuple qui s'évapore en frater-

nité. O France, adieu! tu es trop grande pour n'être qu'une patrie. On se sépare de sa mère qui devient déesse. Encore un peu de temps, et tu t'évanouiras dans la transfiguration. Tu es si grande que voilà que tu ne vas plus être. Tu ne seras plus France, tu seras Humanité; tu ne seras plus nation, tu seras ubiquité. Tu es destinée à te dissoudre tout entière en rayonnement, et rien n'est auguste à cette heure comme l'effacement visible de ta frontière. Résigne-toi à ton immensité. Adieu, Peuple! salut, Homme! subis ton élargissement fatal et sublime, ô ma patrie, et de même qu'Athènes est devenue la Grèce, de même que Rome est devenue la chrétienté, toi, France, deviens le monde.

Hauteville House, mai 1867.

TABLE DES MATIÈRES

PARIS. — IMPRIMERIE MODERNE (BARTHIER, D'), RUE J.-J.-ROUSSEAU, 61.